D1692161

hänssler

FRITZ LAUBACH

Herr, heile mich!

Kostproben der Macht Gottes

Fritz Laubach, geb. 1926, Theologe, war Vorsteher des Diakoniewerkes Elim in Hamburg sowie Vorsitzender der Deutschen Evangelischen Allianz und ist durch zahlreiche Veröffentlichungen bekannt geworden. Seit 1991 lebt er im Ruhestand.

Das vorliegende Buch ist die überarbeitete Version des bereits erschienenen Titels »Herr, heile mich! Krankheit und Heilung in biblischer Sicht«.

Die Bibelstellen sind in der Regel nach Luther 1999 zitiert.

hänssler-Taschenbuch
Bestell-Nr. 393.620
ISBN 3-7751-3620-7

© Copyright 2000 by Hänssler Verlag,
D-71087 Holzgerlingen
Titelfoto: MEV
Umschlaggestaltung: Daniel Kocherscheidt
Satz: AbSatz, Klein Nordende
Druck und Bindung: Ebner Ulm
Printed in Germany

Inhalt

Vorwort

Krank! Die erfahrenen Ärzte sind ratlos und wissen nicht mehr weiter. Keiner kann wirklich heilen. So beginnen unzählige Lebenskrisen.

Und Gott? Warum bin ich überhaupt krank? Ist Gott schuld? Könnte er mich auch heilen, wenn medizinisch keine Hoffnung mehr ist? Darf ich um ein Wunder beten? Und wenn Gott nicht hilft? Hat er mich abgeschrieben? Es war dem Verlag ein Anliegen, dass dieses wichtige Buch, das lange vergriffen war, wieder aufgelegt wird. Einst stand am Anfang nur ein Flugblatt, das reißenden Absatz fand. Dr. Fritz Laubach, der es verfasst hatte, schuf daraus bald ein Buch, das knapp und doch fundiert biblisch zusammenstellt, was Gottes Wort zu Krankheit und Heilung sagt, wegweisend und ermutigend. Das bleibt Dr. Fritz Laubachs Gabe. Wo er auch immer wirkte, vermittelte er klare und wegweisende Orientierung: ob unter kritischen Studenten oder als Leiter eines modernen Krankenhauses. Nicht anders als erfahrener Seelsorger und Prediger der Holstenwall-Gemeinde in Hamburg oder als langjähriger Leiter der evangelikalen Bewegung in Deutschland. Auch als neutestamentlicher Dozent einer einflussreichen theologischen Ausbildungsstätte oder als Vorsitzender von weltweit wirkenden Hilfswerken und Diensten. Er kennt die bohrenden Zweifel der Kranken und ihre Nöte aus nächster Nähe.

Stuttgart, im Frühjahr 2000
Winrich Scheffbuch

Wie es zu diesem Buch kam

Nach 1970 gewann die »charismatische Bewegung« in Deutschland an Einfluss. Dadurch traten in vielen Gemeinden drei Fragen in den Vordergrund: die Fragen nach dem Heilungsdienst der Christen, nach dem Zusammenhang von rechtem Glauben und körperlicher Gesundheit und der Erwartung von Zeichen und Wundern. Fast alle führenden Vertreter der »charismatischen Bewegung« waren überzeugt: »Überall, wo der Heilige Geist am Wirken ist, werden Heilungen geschehen. Gott wird nicht durch die Krankheit seiner Kinder verherrlicht«.[1] Weil dadurch viele Christen in Gemeinden unterschiedlicher Prägung verunsichert wurden und der Wunsch nach biblischer Orientierung laut wurde, baten mich 1974 Mitarbeiter der Hamburger evangelischen Allianz, einen Vortrag zum Thema »Krankheit und Heilung in biblischer Sicht« zu halten. Der Vortrag erschien 1976 in erweiterter Form als Taschenbuch. In den folgenden Jahren wurde ich in der Gemeindeseelsorge und in der Diakonie – im Krankenhaus und in den Alten- und Pflegeheimen – immer wieder mit den oben genannten Fragen konfrontiert. Viele suchten nach biblisch begründeten Antworten. So erschien das Buch 1991 in einer neuen Fassung unter dem Titel »Herr, heile mich!«.

In unserer schnelllebigen Zeit hat sich die geistliche Situation seit dem Aufkommen der »charismatischen Bewegung« verändert. Noch 1987 konnte der Pfingstprediger Reinhard Bonnke auf der Euro-Fire-

Konferenz in Frankfurt unter dem Applaus einer großen Zuhörerschaft verkündigen: »Die Erweckung, die Europa erreicht, wird eine Erweckung mit Zeichen und Wundern sein. Wir werden kilometerlange Schlangen von Krankenwagen haben, die die hoffnungslos Kranken hierherbringen, und sie werden leer zurückfahren. In Jesu Namen! Halleluja! ... Wunder und Zeichen am laufenden Meter«.[2] Seine Prophezeiung hat sich nicht erfüllt. Die Euphorie ist inzwischen weitgehend einer nüchternen, biblischen Betrachtungsweise gewichen. Es ist in den verschiedenen Gemeinden der Glaubenden nie bestritten worden, dass der lebendige Gott Wunder tun kann. Immer wieder hat es in der Vergangenheit einzelne Christen gegeben, die schwer erkrankt und von den Ärzten aufgegeben waren, aber durch Gebet wunderbar geheilt wurden. Solche Wunder sind Zeichen des Handelns Gottes. Aber sie geschehen eben nicht »am laufenden Band«. Sie sind »Kostproben« der Macht Gottes.[3]

Es ist zu begrüßen, dass durch die »charismatische Bewegung« auch in den großen Traditionskirchen die Frage nach Krankheit und Heilung wieder lebendig geworden ist. Denn Christen wie Nichtchristen werden gleichermaßen von schweren Krankheiten heimgesucht. Sie sollten in diesen Situationen wissen, mit welchen Erwartungen sie aufgrund des biblischen Wortes im Gebet zu Gott kommen dürfen, und wo Gott selbst diesen Erwartungen Grenzen setzt. Und es ist wichtig, sich nicht erst in Tagen der Krankheit damit auseinanderzusetzen, sondern sich bereits in gesunden Tagen mit den biblischen Aussagen über Krankheit und Heilung zu beschäftigen, um für den Ernstfall gerüstet zu sein. Dazu möchte dieses Buch helfen.

KAPITEL 1

Die Frage nach der Glaubens- heilung

Frühe Berichte von Heilungen

Der Wunsch nach Heilung in Zeiten der Krankheit ist vermutlich so alt wie die Menschheit selbst. Das ist verständlich, denn der Schöpfer hat uns für das Leben bestimmt. Und gerade in der ausweglosen Lage einer Krankheit, bei der Ärzte die Hoffnung auf Heilung aufgegeben haben, wird in manchen Kranken die Frage lebendig, ob denn nicht doch das Wunder einer Heilung geschehen könne. Im Alten Testament werden einzelne Wunder überliefert, bei denen Menschen, die zu ihrer Zeit als unheilbar galten, durch Gebet von Krankheiten befreit wurden. Auch außerhalb des Einflussbereiches der biblischen Offenbarung werden in heidnischen Religionen schon in vorchristlicher Zeit unerklärbare Heilungen von Krankheiten berichtet. So wurden an den griechischen Heiligtümern des Asklepios Votivtafeln gefunden, die aus Dankbarkeit für erfahrene Heilung aufgestellt wurden. Ähnliche Beobachtungen haben Missionare in der Begegnung mit animistischen Zauberpriestern gemacht, die die Eingeborenen von ihren Krankheiten zu heilen versuchten. Wunderbare Heilungen gab es also zu allen Zeiten auch außerhalb des Volkes Israel und der Gemeinde von Jesus. Nur wird im Licht des Wortes Gottes deutlich, dass die Heilungen in heidnischen Religionen durch dämonische Kräfte hervorgerufen werden. Nicht alles Überirdische ist göttlich. Dass auch der Satan Wunder tun kann, zeigen die Zauberer des Pharao (2. Mose 7,11ff. 22; 8,3). Die Evangelien erzählen auffallend oft von wunderbaren Heilungen, durch die Jesus Christus viele Kranke körperlich und seelisch gesund gemacht hat. Schließlich hat es seit der Zeit der Apostel in der Geschichte der Gemeinde von Jesus immer wieder Heilungen durch Gebet gegeben.

Eine uralte Frage wurde verdrängt

Ohne Zweifel ist die Tatsache möglicher Glaubensheilungen in den letzten drei Jahrhunderten aus dem Bewusstsein vieler Christen verdrängt worden. Die philosophische Aufklärung des 18. Jahrhunderts und die so genannte »liberale Theologie« haben dazu wesentlich beigetragen, besonders die historisch-kritische Erforschung der biblischen Texte mit ihrem Anspruch auf gesicherte wissenschaftliche Ergebnisse. Sie hat die in der Bibel berichteten Wunder für historisch nicht nachweisbar erklärt, im Grunde als nicht geschehen, und damit den geistlichen Erwartungshorizont vieler Christen eingeengt.

Gebet und Glaubensheilungen waren kein Thema mehr in der christlichen Verkündigung. Dass viele christliche Kreise die Möglichkeit der Krankenheilung weitgehend aus den Augen verloren, ist sicher auch auf die unbestreitbaren Erfolge der Arzneimittelforschung, der Medizintechnik und der ärztlichen Kunst zurückzuführen. Heute sind Krankheiten heilbar, für die es noch in der ersten Hälfte des 20. Jahrhunderts keine Hilfe gab. Organtransplantationen, Erfolge in der Therapie von Tumorerkrankungen und neue Erkenntnisse in der Humangenetik haben bei Kranken zu höchsten Erwartungen und Ansprüchen an die Ärzte und ihre Heilkunst geführt. Auch das Auftreten der neuartigen Immunschwäche AIDS und des afrikanischen Lassa-Fiebers hat an der grundsätzlich optimistischen Einschätzung der medizinischen Heilerfolge nichts geändert. In weiten Teilen der Bevölkerung wird das Gebet für Kranke nur noch als Domäne für dubiose Heiler angesehen.

Diese Haltung fand eine Art innerer Bestätigung durch die weit verbreitete Erklärung der Weltgesundheitsorganisation, die den Begriff der Gesundheit als »einen Zustand von vollständigem körperlichen, geistigen und sozialen Wohlbefinden und nicht nur das Fehlen von Krankheit und Gebrechen« definiert[4] und zu einer Forderung erhoben hat, auf die alle Menschen Anspruch haben. Mit dieser Erklärung hat die Weltgesundheitsorganisation den Menschen ein utopisches, nicht erreichbares Ziel als höchstes erstrebenswertes Gut vor Augen gestellt.

Dadurch wurde eine säkulare Erwartungshaltung bestärkt, die unterschwellig auch auf das Denken vieler Christen eingewirkt hat und zu der Zielvorstellung führte: »Hauptsache gesund – Gesundheit um jeden Preis«. Nicht zufällig ist der junge, gut aussehende und von Gesundheit strotzende Mensch zum Idealbild der Werbung auf Plakaten und im Fernsehen geworden.

Heilungen geschahen in der Stille

Auch wenn der Blick für die biblische Möglichkeit der Heilung durch Gebet weithin verloren ging, hat es doch in allen christlichen Kreisen – nicht nur in Randgruppen – einzelne Glaubende gegeben, die die ihnen von Gott anvertrauten »Gaben der Heilungen« (1. Kor 12,9.30) in aller Stille und in der Verantwortung vor ihrem Herrn eingesetzt haben. Zu den bekanntesten im 19. Jahrhundert zählt Pfarrer Johann Christoph Blumhardt (1805-1880). Die zahlreichen Heilungen akut und chronisch Kranker, die Gott in Möttlingen und Bad Boll geschenkt hat, erwuchsen ungewollt aus der Beichtseelsorge Blumhardts in seiner Gemeinde. Viele der Heilungen vollzogen sich in der Stille im Verlauf von Tagen. Er selbst hat berichtet: »Ich tat es unter Handauflegung in der unschuldigsten Weise; und da ging eine Kraft von mir aus, die besonders fast wunderbar auf die Gemütsberuhigung wirkte und unbemerkt auch eine Wirkung auf die Gesundheit hervorbrachte. Es vergingen etliche Wochen, ehe ich letzteres wahrnahm.«[5] Auch Lorenz Keip (1858-1936), der in Berlin lebte und Verbindung mit Johannes Seitz in Teichwolframsdorf hatte, erzählt von seinen geistlichen Erfahrungen: »Einem etwa zehnjährigen Schüler war ohne erkennbare Ursache das eine Bein beim Wachstum so zurückgeblieben, dass er hinken musste und schließlich nicht mehr gehen konnte. Die mir befreundeten Eltern riefen mich in dieser Not. Der Herr Jesus erhörte unser einmaliges Gebet; das Bein wuchs schnell nach, und der Junge entwickelte sich sehr gut.« Von einer anderen Patientin, in deren Haus regelmäßig für Kranke gebetet wurde, schreibt er: »Sie selbst hat der Herr nicht geheilt. Sie ist krank, aber auch befähigt geblieben, mehr zu leisten als mancher Gesunde.« – »Der Herr Jesus hat nicht alle Kranken, die zu mir kamen, geheilt, aber doch die meisten.[6]«

Ein Zeugnis aus jüngster Zeit ist die vollständige Heilung Bärbel Elsners aus Görlitz in dem evangelischen Seelsorge- und Tagungsheim »Julius Schniewind-Haus« in Schönebeck-Salzelmen bei Magdeburg, die in den Tagen zwischen dem 5. und 7. Dezember 1985 geschehen ist. Damals war sie 43 Jahre alt, seit 27 Jahren durch eine Hirnhautentzündung und Kinderlähmung schwerst körperbehindert, zumeist auf den Rollstuhl angewiesen. In der Seelsorge und durch Gebet hat Gott ihr die Heilung geschenkt. Nach einer Abendmahlsfeier hat sie die ersten Gehversuche unternommen. Sie selbst hat schriftlich festgehalten: »Am nächsten Tag, dem 7. Dezember, ging es schon viel besser. Drei Tage hat die Heilung gedauert, ich bin völlig geheilt. Ich habe keine Schmerzen.« Am 11. Dezember 1985 schreibt sie: »Ich fühle mich kerngesund und laufe schon eine schöne Strecke ohne Hilfe ... Immer wieder möchte ich Jesus verherrlichen ... Ich lobe und singe meinem Heiland.«[7] Diese Heilung ist ärztlich mehrfach dokumentiert. Bei der Rentennachbegutachtung stellten die Ärzte fest, dass sie keinen Anspruch mehr auf Invalidenrente habe, weil ihre Leistungsfähigkeit wiederhergestellt war.

Die unbedingte Forderung von Heilungen und ihre Begründung

Im Gegensatz zu den oben erwähnten Heilungen, die in aller Stille geschahen und erst später bekannt wurden, standen die angeblichen Heilungen auf den Kongressen »Evangelisation in der Kraft des Heiligen Geistes« 1987 und 1988 in Frankfurt/M. Der amerikanische Heilungsprediger John Wimber vertrat die Ansicht, dass wunderbare Heilungen unerlässliche Zeichen für vollmächtige Evangelisation seien. Besonders auffallend war der spektakuläre Vollzug der Heilungen. Bei John Wimber und seinen Mitarbeitern geschah es regelmäßig, dass nach Gebet und Handauflegung die Geheilten ohnmächtig rückwärts zu Boden fielen, wobei sie durch dafür bereitstehende Mitarbeiter aufgefangen wurden. Keine einzige dieser Heilungen konnte ärztlich bestätigt werden.[8] Diese Praxis wurde auch bei anderen Heilungsversammlungen geübt. Wo immer

Krankenheilungen als selbstverständliche Wirkung von Glaube und Gebet propagiert wurden und in den Hörern eine zum Teil übersteigerte Erwartungshaltung hervorgerufen wurde, waren es wesentlich drei Begründungen, die dafür angeführt wurden.

1. In der messianischen Weissagung von Jesaja 53,4, die sich in Jesus Christus erfüllt hat, heißt es: »Fürwahr, er trug unsre Krankheit und lud auf sich unsre Schmerzen.« Aus diesem Satz wird die Schlussfolgerung gezogen: Jesus hat am Kreuz nicht nur unsere Sünde getragen, sondern auch unsere Krankheit auf sich genommen. Er hat uns dadurch von der Krankheit ebenso erlöst wie von der Sünde. So wenig wir unsere Sünde noch selbst zu tragen brauchen, ebenso wenig unsere Krankheit.

2. In den Evangelien werden viele Heilungswunder berichtet. Gewiss – nicht alle Kranken, die zur Zeit Jesu lebten, wurden gesund. Aber doch wurde jeder, der mit seiner Krankheit oder einem Leiden zu Jesus kam, von ihm geheilt. Alle Heilungsberichte der Evangelien und der Apostelgeschichte werden nun im Sinne des Wortes von Hebräer 13,8 verstanden: »Jesus Christus gestern und heute und derselbe auch in Ewigkeit.« Daraus wird gefolgert: Jesus Christus bleibt derselbe in Ewigkeit; hat er damals geheilt, wird er auch heute in der gleichen Weise jeden heilen, der zu ihm kommt.

3. Schließlich heißt es im Zusammenhang mit dem Missionsbefehl, wie er uns am Schluss des Markus-

Evangeliums überliefert ist (Mk 16,17-18): »Die Zeichen aber, die folgen werden denen, die da glauben, sind diese: In meinem Namen werden sie böse Geister austreiben, in neuen Zungen reden, Schlangen mit den Händen hochheben, und wenn sie etwas Tödliches trinken, wird's ihnen nicht schaden; auf Kranke werden sie die Hände legen, so wird's besser mit ihnen werden.« In diesen Worten wird bereits ein Hinweis auf das gesehen, was der Apostel Paulus in 1. Korinther 12-14 über die Gaben des Heiligen Geistes schreibt. Hier folgern manche, Zungenreden und Krankenheilungen müssten notwendig als Kennzeichen vorbildlichen geistlichen Lebens in den Gemeinden vorhanden sein. Ihr Fehlen weise auf einen deutlichen Mangel an Heiligem Geist hin. Dabei werden die Aussagen von 1. Korinther 12-14 zumeist aus dem Zusammenhang des 1. Korinther-Briefes herausgelöst, und es wird übersehen, wie Paulus deutlich macht, dass gerade in der Gemeinde in Korinth das Leben nicht dem Willen Gottes entsprach und die Gaben des Geistes nicht den Rückschluss auf ein Geist erfülltes Leben ihrer Träger zuließen.

Bevor wir diese drei oben genannten Argumente ernsthaft auf ihre Berechtigung überprüfen können, müssen wir uns einen Überblick über die biblischen Aussagen zu Krankheit und Heilung verschaffen.

Dringliche Fragen
brauchen eine Antwort

Eines wird aber hier bereits deutlich: Es geht einmal um den Stellenwert, den die Frage nach Krankheit und Heilung im Gesamtzeugnis der Bibel einnimmt. Krankheit und Leiden sind schwer wiegende Faktoren im Leben der meisten Menschen. Wie können wir solche Nöte bewältigen?

Ist es tatsächlich so, dass Gott nur »gesunde Kinder« haben möchte?

Sind körperliche und seelische Gesundheit ein zentrales Thema der biblischen Botschaft?

Ist jede Krankheit ein Angriff satanischer Mächte auf unser Leben, den wir mit allen Mitteln bekämpfen müssen?

Stürzen uns körperliche und seelische Leiden zwangsläufig in einen Abgrund der Sinnlosigkeit?

Ist es ein Mangel an Glauben, wenn ein Christ von seiner Krankheit nicht geheilt wird?

Die Antworten, die wir auf diese Fragen finden, werden weitreichende Auswirkungen auf unser Verhalten haben, wenn wir selbst oder Menschen in unserer nächsten Umgebung von Krankheit betroffen sind. Sie werden ebenso Auswirkungen auf Verkündigung und Seelsorge haben – ob wir uns und andere ermutigen, Krankheit aus Gottes Hand anzunehmen und geistlich zu verarbeiten, oder ob wir die Kräfte zum geistlichen Widerstand gegen dämonische Einwirkungen mobilisieren. Darum müssen sich Christen um biblische Maßstäbe und Leitlinien zur Beantwortung dieser Fragen mühen.

KAPITEL 2

Krankheit und Heilung im Alten Testament

Für die Menschen, von denen das Alte Testament erzählt, gehörten Krankheit, Leid und körperliche Gebrechen genauso unausweichlich zu ihrer Lebenswirklichkeit wie für uns. Oft finden wir Hinweise auf menschliche Krankheiten, die aber nur am Rande der eigentlichen Berichterstattung erscheinen. Meist wird der Krankheitsverlauf nur mit wenigen Worten angedeutet, wie z. B. in 2. Könige 13,14: »Als aber Elisa an der Krankheit erkrankte, an der er sterben sollte ...«. Vereinzelt wird das Erscheinungsbild der Krankheit ausführlich beschrieben, so beim Aussatz (3. Mose 13.14). Wir lesen von der Seuche der »schwarzen Blattern« (Geschwüre – Pocken?; 2. Mose 9,10), ebenso von heftigem Fieber und von der Pest, dem »jähen Tod« (5. Mose 32,24). Uns wird von angeborener und erworbener Blindheit berichtet (3. Mose 19,14; 5. Mose 27,18). Die Frau des Pinhas stirbt bei der Entbindung infolge eines seelischen Schocks, den sie durch die Nachricht vom Tod ihres Mannes erlitten hat (1. Sam 4,19-20). Der König Ahasja stürzt in seinem Palast und stirbt an den Folgen der Verletzungen, die er sich zugezogen hat (2. Kön 1,2-4.17). Beim Propheten Jesaja werden offene Wunden, Geschwüre, Herz- und Kreislaufstörungen im übertragenen Sinne Ausdrucksmittel für das gestörte Verhältnis des Menschen zu Gott (Jes 1,5-6). Uns wird auch erzählt, dass Isaak im Alter sein Sehvermögen weitgehend verlor (1. Mose 27,1), dass Jakob seit dem »Kampf am Jabbok« an seiner Hüfte geschädigt war und zeitlebens hinkte (1. Mose 32,32), und auch er konnte im Alter kaum noch sehen (1. Mose 48,10).

Ähnlich heißt es vom Priester Eli: »Eli aber war achtundneunzig Jahre alt, und seine Augen waren so schwach, dass er nicht mehr sehen konnte« (1. Sam. 4,15; vgl. 1. Sam. 3,2). Und vom Propheten Ahia von Silo wird berichtet (1. Kön 14,4): »Ahija aber konnte nicht sehen, denn seine Augen standen starr vor Alter.«

Mefi-Boschet, der Sohn Jonathans, war von früher Kindheit an »lahm an beiden Füßen« (2. Sam 4,4; 9,13). Offenbar haben die Verfasser der biblischen Bücher zunehmende Altersbeschwerden und lebenslange körperliche Behinderungen nicht als Erkrankungen angesehen. Krankheiten waren immer lebensbedrohende Prozesse, denen der Mensch hilflos ausgeliefert war (2. Mose 15,26; 23,25; Ps 107,18). Gerade im Alter ist also die Grenze zwischen Gesundheit und Krankheit nicht immer eindeutig zu ziehen. Ähnlich ist es, wenn die Beter der Psalmen unter Krankheit seufzen und zu Gott um Hilfe schreien; dann sind in ihren Worten manchmal die Grenzen zwischen körperlichem Leiden und seelischen Nöten fließend.

Die Wurzel aller Krankheit

Krankheiten im Alten Testament sind nicht nur Vorboten des Todes (1. Mose 48,1.21; Jes 38,1), sondern deuten auch auf die gestörte Beziehung des Menschen zu Gott. Wenn Bildad, einer der Freunde Hiobs, sagt, Krankheit sei »der Erstgeborene des Todes« (Hiob 18,13), so erinnert uns dies Wort an Gottes Gebot, mit dem er den Menschen in seinem paradiesischen Urstand warnt: »Von dem Baum der Erkenntnis des Guten und Bösen sollst du nicht essen; denn an dem Tage, da du von ihm isst, musst du des Todes sterben« (1. Mose 2,17).

Die tiefste Wurzel aller Krankheit ist in dem Geschehen zu suchen, das in 1. Mose 3 geschildert wird. Der Mensch tritt aus dem von Gott gewollten Urstand heraus. In freiwilliger Entscheidung übertritt er Gottes Ordnungen, löst sich im Ungehorsam aus der Abhängigkeit von Gott und zerbricht die ursprüngliche Gemeinschaft mit Gott, die seine Lebensbestimmung ausmachte.

Auch wenn eine Krankheit nicht unmittelbar vom Menschen verschuldet sein muss (vgl. Joh 9,1-3), weiß die Bibel, dass die letzte Ursache von Krankheit und Leid in der Sünde des Menschen, in seiner

Trennung von Gott liegt. Krankheit ist Unordnung im leiblich-seelischen Bereich als Folge und Ausdruck gestörter Schöpfungsordnung. Gott hat den Menschen zur höchstmöglichen Lebensentfaltung bestimmt.

Der Mensch aber, von der Quelle des Lebens (Ps 36,10), von der Gemeinschaft mit Gott abgeschnitten, wird zum offenen Tummelplatz für alle Leben zerstörenden Kräfte. Krankheit ist ein selbstzerstörerischer Akt der menschlichen Natur, dessen Wurzel in dem gestörten Gottesverhältnis liegt, das wir Menschen von uns aus nicht wiederherstellen können.

Heilwerden im Alten Testament

Nicht nur Krankheiten und ihre Ursache werden uns im Alten Testament gezeigt; auch von wunderbaren Heilungen als Eingriff Gottes in die gestörte Schöpfungsordnung wird berichtet:

– Mirjam, die Schwester Moses, wird von ihrem Aussatz geheilt (4. Mose 12,10-15), als Mose für sie betet: »Mose aber schrie zu dem Herrn: Ach Gott, heile sie!«

– Naaman, der Feldhauptmann des Königs von Syrien, erlebt, wie Gott ihn vom Aussatz heilt. Das geschieht aufgrund des Vertrauens und Gehorsams gegenüber dem Wort des Propheten Elisa, wozu ihn seine Knechte ermutigen (2. Kön 5,8-14).

– König Hiskia wird auf sein Gebet hin von Gott geheilt, wobei der Prophet Jesaja ihm ein Feigenpflaster auf seine kranke Drüse legt (2. Kön 20,1-7; Jes 38).

– Für die kommende messianische Heilszeit wird erwartet, dass Gott dann alle Krankheiten heilen wird (Jes 35; Hes 47,12).

Wesentlich bei diesen Aussagen ist, dass die körperliche Heilung immer mit einer inneren Wandlung in Verbindung steht, in der der Kranke auf Gottes Wort eingeht, das ihm gesagt wird, und in die Gemeinschaft mit Gott zurückfindet.

Aufschlussreich für das Verständnis von Krankheit und Heilung ist der Gebrauch des Wortes »heilen« (hebr. rapha), das im Alten Testament 61-mal vorkommt.[9]

Zum einen ist »heilen« ein Handeln Gottes, durch das er dem Menschen die körperliche Gesundheit zurückgibt (so 1. Mose 20,17; 4. Mose 12,13; 5. Mose 32,39; 2. Kön 20,5.8; Ps 107,20 u. a.). Zum andern fällt auf, dass die Propheten Jesaja, Jeremia und Hosea das Wort »heilen« ausschließlich im bildhaften, übertragenen Sinn gebrauchen: Das gestörte Gottesverhältnis soll heil werden; Menschen sollen von ihrem Ungehorsam gegen Gott geheilt, aus einem Leben in Sünde und Schuld befreit werden. Die Heilung von körperlichen Krankheiten tritt demgegenüber in den Hintergrund. »Heilen« kann also beides bedeuten: einerseits die Wiederherstellung leiblicher Kräfte, andererseits die geistlich-seelische Heilung.

Dass beides eng miteinander verbunden sein kann – die Erfahrung der Sündenvergebung und körperliche Gesundung, macht Psalm 41,5 deutlich: »Ich sprach: Herr, sei mir gnädig! Heile mich; denn ich habe gesündigt« (ähnlich Psalm 6,3f.; 30,3f.). In diese Richtung führt auch das Wort Psalm 103,3: »... der dir alle deine Sünden vergibt und heilet alle deine Gebrechen«. Das hier mit »Gebrechen« übersetzte selten gebrauchte hebräische Wort bedeutet nicht notwendig eine körperliche Krankheit, sondern meint die Schwächung der Widerstandskraft gegenüber allen lebenszerstörenden Kräften. Wir dürfen aus dem Wort Psalm 103,3 nicht die Schlussfolgerung ziehen, dass Sündenvergebung und Heilung von Krankheit zwangsläufig zusammengehören. Der Nachdruck liegt bei diesem Wort vielmehr auf der Tatsache, dass jede Form der Heilung eines Gläubigen von dem herkommt, der auch allein unsere Sünde vergeben kann, eben von dem lebendigen Gott. Ob es die Vergebung unserer Schuld ist oder die Heilung von einer Krankheit oder auch die Stärkung der geistlichen oder körperlichen Widerstandskraft – jedes Mal handelt es sich um ein unverdientes Geschenk der Gnade Gottes (vgl. 5. Mose 32,39; Ps 107,18-20).

Natürlich kann Gott alle unsere Krankheiten – ob sie nun Folgen persönlicher Schuld sind oder nicht – heilen, aber er muss es nicht! Wir müssen auch bedenken, dass das Buch Hiob persönlich erlittene Krankheitsnot als Folge von Entscheidungen in der unsichtbaren Welt Gottes sieht, die wir gedanklich nicht vollständig erhellen können. Und Psalm 73 macht deutlich, dass Gott seinen Kindern auch unverstandene Leiden auferlegen kann.

Hilfe durch den Arzt

Während »heilen« ein immer wiederkehrendes Wort im Alten Testament ist, wird nur fünfmal vom »Arzt« gesprochen:[10]

– Ägyptische Ärzte salben den Leichnam Jakobs und balsamieren ihn vor der Überführung von Ägypten nach Hebron im Lande Kanaan (1. Mose 50,2).

– Gott stellt sich seinem Volk beim Auszug aus Ägypten vor: »Ich bin der Herr, dein Arzt« (2. Mose 15,26).

Auf dem Hintergrund dieses Wortes ist die Anfrage Gottes durch Jeremia beim Anbruch der nationalen Katastrophe in der Zerstörung Jerusalems verständlich: »Ist denn keine Salbe in Gilead, oder ist kein Arzt da?« (Jer 8,22).

Bemerkenswert ist die Notiz aus 2. Chronik 16,12: »Und Asa wurde krank an seinen Füßen im neununddreißigsten Jahr seiner Herrschaft, und seine Krankheit nahm sehr zu; und er suchte auch in seiner Krankheit nicht den Herrn, sondern die Ärzte.« Die Kritik in den Worten des alttestamentlichen Berichterstatters ist unüberhörbar.

Einige Ausleger der Bibel gehen von der stillschweigenden Voraussetzung aus, dass es in Jerusalem keine »Ärzte« gegeben habe, und sehen einen grundlegenden Zusammenhang zwischen dem Wort 2. Mose 15,26 und den Zehn Geboten.

So argumentiert H. Bräumer: »›Ich bin der Herr, dein Arzt‹ ist die Anwendung der ersten beiden der Zehn Gebote für den Fall der Krankheit ... Die Priesterärzte, die Asa rufen ließ, gehörten aber zum Kultpersonal der heidnischen Tempel auf den Höhen außerhalb von Jerusalem. Asa wünschte durch die Macht dieser fremden Götter geheilt zu werden. Er setzte sein Vertrauen auf den Zauber und die von Götzendienern angebotenen Wunderheilungen ...

Damit versündigte er sich gegen das erste Gebot: ›Ich bin der Herr, dein Gott‹, und gegen das zweite ›Du sollst keine anderen Götter haben neben mir.‹«[11]

Trotz dieser Einschränkung wird im mosaischen Gesetz wie auch bei der Begegnung des Propheten Jesaja mit dem kranken König Hiskia (2. Kön 20,5-

8, par. Jes 38,1.21) mit einer gewissen Selbstverständlichkeit von der ärztlichen Tätigkeit des Heilens gesprochen. So heißt es in 2. Mose 21,18-19: »Wenn Männer miteinander streiten und einer schlägt den andern mit einem Stein oder mit der Faust, dass er nicht stirbt, sondern zu Bett liegen muss und wieder aufkommt und ausgehen kann an seinem Stock, so soll der, der ihn schlug, nicht bestraft werden; er soll ihm aber bezahlen, was er versäumt hat, und das Arztgeld geben.«

In den Bereich des alttestamentlichen Denkens gehört auch das »Lob des Arztes« im Buch Jesus Sirach, das zwar nicht zu den Schriften des Alten Testamentes im engeren Sinne gehört, sondern unter den alttestamentlichen Apokryphen aufgeführt wird.[12] Nichts im Alten Testament ebenso wie im Neuen Testament widerspricht den hier geäußerten Gedanken über Krankheit und Heilung. In dem Abschnitt Sirach 38,1-15 heißt es:

»Ehre den Arzt mit der ihm gebührenden Verehrung, damit du ihn habest zur Zeit der Not, denn der Herr hat ihn eingesetzt. Von Gott hat der Arzt die Weisheit, und Könige ehren ihn. Die Kunst des Arztes erhöht ihn und macht ihn groß bei Fürsten und Herren. Der Herr bringt die Heilmittel aus der Erde hervor, und ein verständiger Mensch verachtet sie nicht. Das bittere Wasser wurde ja süß durch ein Holz, damit man dessen Kraft erkennen sollte. Und er selbst ist's, der den Menschen das Wissen verleiht, um sich durch seine wunderbaren Heilmittel zu verherrlichen. Durch sie heilt der Arzt und vertreibt die Schmerzen, und der Apotheker bereitet aus ihnen die Mischungen. Gottes Wirken soll eben kein Ende nehmen, und er gibt alles, was gut ist, auf Erden.

Mein Sohn, wenn du krank bist, so verachte dies nicht, sondern bete zum Herrn, so wird er dich heilen. Lass von der Sünde, mache deine Hände unsträflich, und reinige dein Herz von aller Sünde ...

Danach lass den Arzt zu dir, denn der Herr hat ihn geschaffen; er soll dir nicht fernbleiben, denn auch ihn hast du nötig. Es kommen Zeiten, da dem Kranken durch ihn geholfen werden muss, da ja auch er zu Gott betet, dass er ihm die Diagnose gelingen lasse und die Heilung zur Wiederherstellung.«[13]

KAPITEL 3

Heilungsberichte in den Evangelien

Die Evangelien berichten eine Vielzahl wunderbarer Heilungen. Verkündigen und heilen gehörte zum Auftrag des Messias, zu dessen Erfüllung Jesus als Sohn Gottes gekommen war (Jes 61,1; Lk 4,18.21). Allein im Matthäus-Evangelium werden uns 20 Heilungsberichte überliefert.[14] Wichtig ist die vielfältige Art, in der Jesus die Kranken heilte, und die unterschiedliche Bedeutung, die dem Glauben und der Bitte des Kranken oder der Menschen seiner Umgebung bei der Heilung zukam.

Jesus heilt durch sein Wort

Matthäus und Lukas überliefern übereinstimmend, dass der heidnische Hauptmann von Kapernaum zu Jesus kam und um die Heilung seines kranken Knechtes bat. Dabei hatte er sicher zunächst erwartet, dass Jesus ihn in sein Haus begleiten sollte. Aber in der Begegnung mit Jesus reift in ihm die Überzeugung, dass das vollmächtige Wort von Jesus ausreichen würde, seinen Knecht zu heilen: »Sprich nur ein Wort, so wird mein Knecht gesund« (Mt 8,8; Lk 7,7). Genau darauf geht Jesus ein. Sein Wort reicht aus, um die Heilung zu bewirken: »Geh hin; dir geschehe, wie du geglaubt hast. Und sein Knecht wurde gesund zu derselben Stunde.« In dem folgenden Bericht Mt 8,16 lesen wir: »Am Abend aber brachten sie viele Besessene zu ihm; und er trieb die Geister aus durch sein Wort und machte alle Kranken gesund.«

Jesus heilt durch körperliche Berührung

Jesus heilte Kranke, indem er sie anrührte. In dem Bericht von der Heilung des Aussätzigen heißt es: »Jesus streckte die Hand aus, rührte ihn an und sprach: Ich will's tun; sei rein! Und sogleich wurde er von seinem Aussatz rein« (Mt 8,3).

Jesus fasst den Aussätzigen an; dabei geht es nicht primär um das Berühren der kranken Stelle, wie Jesus das in eindrücklicher Weise bei einer Blindenheilung getan hat (Mk 8,22-25). Hier macht Jesus zeichenhaft deutlich, dass er die natürliche Distanz des Gesunden gegenüber dem Kranken (das galt besonders für den Israeliten gegenüber dem Aussätzigen, vgl. 3. Mose 13,45-46) überwindet und dem Leidenden unmittelbar seine heilende Kraft zuteil werden lässt.
Jesus heilt durch Handauflegung. In Markus 6,5 heißt es, dass Jesus »einige Kranke durch Handauf-

legen heilte«. Markus 8,22-26 berichtet sogar davon, dass Jesus einen Blinden erst nach zweimaliger Handauflegung heilt. Schon die Auswahl der Worte, mit denen das Ereignis beschrieben wird, ist theologisch von Bedeutung. Der Begriff der Handauflegung ist schon vom Alten Testament her inhaltlich gefüllt. Durch Handauflegung, verbunden mit Gebet, wird Gottes Segen und Kraft einem Menschen unmittelbar und körperlich spürbar zugeeignet. Wenn Jesus Kranken die Hände auflegt, so soll der Segen Gottes auf sie direkt übertragen werden. Gottes Segen soll als sein neuschaffendes Handeln in der Wiederherstellung der körperlichen Gesundheit offenbar werden (vgl. auch Lk 13,13).

Jesus heilt, indem er den Kranken gewährt, ihn anzurühren. In Markus 6,56 lesen wir: »... da legten sie die Kranken auf den Markt und baten ihn, dass diese auch nur den Saum seines Gewandes berühren dürften; und alle, die ihn berührten, wurden gesund.« Hierher gehört auch der Bericht von der Heilung der blutflüssigen Frau (Mt 9,20-22).

Jesus heilt aufgrund von Bitte und Glaube, aber auch unerwartet

Aus der großen Zahl der Heilungswunder, von denen die Evangelien erzählen, greifen wir nur einige besonders eindrückliche Beispiele heraus. Jesus fragt die Blinden, die Heilung bei ihm suchen: »Glaubt ihr, dass ich das tun kann?« (Mt 9,28). Hier ist der Glaube der Kranken selbst gemeint. »Das heißt aber nicht, dass der Glaube selbst die Wunder wirkende Kraft ist, sondern er ist die Bereitschaft, das Wunder zu empfangen.«[15] Häufiger aber handelt es sich um den Glauben anderer, wie des Hauptmanns, der für seinen Diener bittet (Mt 8,5-6.10), der Eltern (Mk. 5,22-23; Joh 4,47), der Freunde des Gelähmten (Mk 2,5).

Manchmal ist es die Bitte der Kranken selbst, die Jesus zum Eingreifen veranlasst, so bei der Heilung der zehn Aussätzigen (Lk 17,13); manchmal die Bitte anderer, so der Syrophönizierin für ihre Tochter (Mk 7,26; vgl. Mk 9,22).

Jesus heilt Kranke, die es nicht von ihm erwarten. Zu den hervortretenden Merkmalen einzelner Heilungsberichte gehört die Tatsache, dass Jesus auch unaufgefordert heilt. Den Mann am Teich Betesda, der 38 Jahre lang an seiner Krankheit gelitten hatte, fragt Jesus unvermittelt: »Willst du gesund werden?« (Joh 5,5-6). Ähnliches gilt für den Mann mit dem gelähmten Arm, den Jesus in der Synagoge heilt, indem er ihn anspricht: »Stehe auf, und tritt in die Mitte! – Strecke deinen Arm aus!« (Mk 3,1-5), wie auch für die Frau, die achtzehn Jahre lang krank war (Lk 13,11-13). Zu diesen Heilungen gehört auch der Bericht aus Lukas 22,51, wo Jesus das Ohr des hohenpriesterlichen Dieners Malchus heilt, das Petrus ihm abgeschlagen hatte (vgl. Joh 18,10).

Jesus verbindet Vergebung und Heilung

Obgleich Jesus heilt, auch ohne ausdrücklich darum gebeten zu sein, also keine Vorleistung des Glaubens fordert, und einen absoluten Kausalzusammenhang zwischen Sünde und Krankheit ablehnt (vgl. Joh 9,1-3), wird uns doch ein Fall einer Krankenheilung ausführlich berichtet, bei dem Jesus dem Kranken zuerst die Vergebung zuspricht (Mt 9,1-8). Vier Männer bringen einen Gelähmten zu Jesus, der von seinen Jüngern und einer Menschenmenge umgeben ist, unter ihnen auch Schriftgelehrte. Alle Anwesenden warteten darauf, dass Jesus den Gelähmten heilt. Aber Jesus spricht ihm die Sündenvergebung zu: »Sei getrost, mein Sohn, deine Sünden sind dir vergeben.« Es ist müßig zu fragen, welche Sünden ein Gelähmter wohl begangen haben mag; sie werden nicht genannt. Jesus stellt mit seinen Worten klar, dass er der Sündenvergebung ein größeres Gewicht zumisst als der körperlichen Heilung.[16] Erst nach dem Streitgespräch mit den Schriftgelehrten über die Vollmacht der Sündenvergebung heilt Jesus den Gelähmten. Der Kranke erfährt Vergebung und die Wiederherstellung seiner Gesundheit. Während die Vergebung unanschaulich im Verborgenen des Herzens erfahren wird, geschieht das Wunder der Heilung sichtbar vor aller Augen. »Jesus ist der Heiland im umfassenden Sinn« (G. Maier). In diesem Geschehen wird ein verborgener Zusammenhang zwischen Sünde und Krankheit deutlich, und Jesus betont mit seinen Worten und

der Art seines Handels, dass das Heil wichtiger ist
als die Heilung.

Heilungswunder offenbaren
das souveräne Handeln Gottes

Schon bei einem kurzen Überblick über die Heilungsberichte in den Evangelien erkennen wir, dass
wir aus ihnen keine Methoden der Heilung ableiten
können. Jesus Christus handelt nie nach einem fest-
gelegten Muster, auch wenn sich im Vollzug seiner
Heilungen »Berührungspunkte mit antiker Volksme-
dizin und Wunderpraxis« erkennen lassen: das
Berühren der kranken Stelle, die Verwendung von
Speichel, das Aufblicken zum Himmel und das Seufzen im Gebet.[17] Es gibt keine Rezepte, keine Verhal-
tensmuster, die wir im Fall der Krankheit anzuwen-
den hätten, um mit unserem Glauben oder unseren
Gebeten zwangsläufig zum Erfolg zu kommen. Heilungen liegen allein im Bereich von Gottes souverä-
nem Handeln. So bleibt Jesus auch in der Art seiner
Zuwendung zum Kranken der einzigartige Herr, den
wir nicht nachahmen können.

Alle Heilungsberichte der Evangelien stehen unter
der inneren Spannung zweier entgegengesetzter
(scheinbar widersprüchlicher) Tatsachen. Einerseits
heißt es in Matthäus 4,23: »Jesus ... heilte alle Krankheiten und alle Gebrechen«; es gab kein Leiden, von
dem er nicht Menschen befreien konnte. Dazu gehört die Aussage von Matthäus 8,16: »Er ... machte

alle Kranken gesund.« Diesen Worten steht der Bericht Johannes 5,1ff. gegenüber, dass am Teich Betesda viele Kranke lagen, Blinde, Lahme Schwindsüchtige. Tatsache ist, dass Jesus nur einen einzigen von ihnen geheilt hat und an allen anderen vorübergegangen ist.

Wenn Jesus also zu einer bestimmten Stunde alle Leidenden heilte, die seine Nähe und Hilfe suchten, bei anderer Gelegenheit aber nur einen einzigen unter vielen Kranken, dann ist sein Handeln dennoch nicht von Willkür und Gutdünken bestimmt gewesen. Bei den wunderbaren Heilungen wie bei allen seinen Wundern ließ Jesus sich nicht von der augenblicklichen Situation bestimmen, sondern blieb in völliger Abhängigkeit von Gott, zu der er sich öffentlich bekannt hat: »Der Sohn kann nichts von sich aus tun, sondern nur, was er den Vater tun sieht; denn was dieser tut, das tut gleicherweise auch der Sohn« (Joh 5,19).

KAPITEL 4

Heilungen – Zeichen des Messias und Gabe an die Jünger

In Jesus Christus kommt Gottes Herrschaft zu den Menschen: »Die Zeit ist erfüllt und das Reich Gottes ist herbeigekommen!« (Mk 1,15). Worte und Taten von Jesus, seine Verkündigung und die Heilungswunder kennzeichnen den Anbruch der neuen Zeit.

Erfüllung messianischer Verheißungen

In den Heilungen wird deutlich, dass Jesus der Messias, der Christus ist: Darauf deutet die Antwort von Jesus an die Jünger Johannes des Täufers hin (Mt 11,4-5), in der er auf die Verheißungen aus Jesaja 35,5-6 und Jesaja 61,1 zurückgreift: »Geht hin und sagt Johannes wieder, was ihr hört und seht: Blinde sehen und Lahme gehen, Aussätzige werden rein und Taube hören, Tote stehen auf und Armen wird das Evangelium gepredigt.« H. Bräumer interpretiert diesen Tatbestand so: »Jesus heilte Kranke und weckte Tote auf, aber er verbannte weder den Tod noch die Krankheiten aus der Welt. Jesus kam nicht in die Welt, um den Tod und die Krankheiten auszurotten, sondern um die Macht Gottes über den Tod und die Krankheiten zu bezeugen.«[18]

Zeichen für den Anbruch der messianischen Heilszeit sollen die Heilungen sein. Sie sind Begleiterscheinungen der Verkündigung, nicht Anlass zur Sensation. Darum weist Jesus jede Zeichenforderung zurück (Mt 12,38-42) und befiehlt den Geheilten oft Verschwiegenheit (vgl. Mt 8,4; 12,16).

Hier findet auch das Wort aus Jesaja 53,4 seine richtige theologische Deutung: »Fürwahr, er trug unsre Krankheit und lud auf sich unsre Schmerzen.« Diese Verheißung kann man nicht beliebig auf jede Krankheit eines Gläubigen in der Gemeinde beziehen. Der Evangelist Matthäus macht deutlich, dass diese Weissagung aus Jesaja 53,4 in der damaligen geschichtlichen Situation, am Abend in Kapernaum, ihre volle Erfüllung gefunden hat (Mt 8,16-17), wie später die Weissagung aus Jesaja 53,5-7 in der unwiederholbaren Stunde der Kreuzigung von Jesus in Erfüllung ging.

Sendung und Vollmacht der Jünger

Weil die Jünger von Jesus Anteil an der Gottesherrschaft haben, gibt Jesus ihnen den Auftrag zu predigen und zu heilen (Mt 10,1-8). Wie Jesus im Gehorsam gegen den Auftrag des Vaters gehandelt hat, so handeln die Jünger von Jesus im Gehorsam gegenüber dem Auftrag ihres Herrn (vgl. Joh 5,19; 20,21). Das gilt für die erste Aussendung seiner Jünger in das Volk Israel (Mk. 6,7.12-13): »Er ... fing an, sie auszusenden je zwei und zwei, und gab ihnen Macht über die unreinen Geister ... Und sie zogen aus und predigten, man solle Buße tun, und trieben viele böse Geister aus und salbten viele Kranke mit Öl und machten sie gesund.«

Das gilt ebenfalls für die zweite Aussendung, für den Auftrag der Mission in aller Welt (Mk 16,19-20). Die Wunder, die durch Wort und Handeln der Jünger geschehen sollen, sind Vorzeichen der kommenden Gottesherrschaft, die einmal allgemein herstellen wird, was jetzt nur vereinzelt und prophetisch geschieht.

Jesus macht seine Jünger darauf aufmerksam, dass beides, Verkündigung und Heilung, abhängig ist von der Vollmacht, die er gibt, also nur in der gelebten Abhängigkeit von ihm ausgeübt werden kann. Vollmacht ist Unmittelbarkeit des Redens Gottes durch die Verkündigung des Jüngers (die ihm selbst gar nicht bewusst zu sein braucht) und Unmittelbarkeit des Handelns Gottes durch die Heilung in der jeweiligen Situation. Vollmacht gibt es nie auf Vorrat, sie lässt sich auch nicht durch den Glaubensgehorsam des Jüngers konservieren. Sie steht nie dem Glaubenden zur Verfügung, sondern wird von Gott entsprechend der geistlichen Frontlage gegeben. Dieser Tatbestand wird besonders in

Lukas 9 hervorgehoben. Zunächst sendet Jesus seine Jünger aus: »Er rief aber die Zwölf zusammen und gab ihnen Gewalt und Macht über alle bösen Geister, und dass sie Krankheiten heilen konnten, und sandte sie aus« (Lk 9,1f.). Die Vollmacht, die Jesus seinen Jüngern gibt, umschließt Inhalt und Dauer des Auftrages: »Sie ... predigten das Evangelium und machten gesund an allen Orten« (Lk, 9,6b). Als die Jünger ihren Auftrag erfüllt haben und zu Jesus zurückkehren, erlischt die Vollmacht. Denn wenig später bringt ein Vater seinen kranken Sohn zu den Jüngern, die nicht in der Lage sind, ihn zu heilen. Er sagt dann zu Jesus: »Ich habe deine Jünger gebeten, dass sie ihn austrieben, und sie konnten es nicht« (Lk 9,40). Davon, dass dieser Mangel an Vollmacht auf persönliches Versagen der Jünger oder Sünde in ihrem Leben zurückzuführen sei, wird nichts gesagt.

Die Möglichkeit der Täuschung

Zeichen und Wunder – dazu gehören auch Krankenheilungen –, die Gott wirkt, sind Manifestationen seines unmittelbaren Handelns, »Proben seiner Macht« (5. Mose 4,34; 7,19; 29,2). Sie sind immer etwas Außergewöhnliches, nicht die Regel, sondern die Ausnahme. Es werden in der Bibel aber auch Zeichen und Wunder beschrieben, die mehrdeutig in ihrer Kausalität sind (2. Mose 7,22; 8,3; Apg 13,6ff.). Sieht man auf ihren Ursprung, begegnet man okkulten Praktiken; bedenkt man ihre Wirkung:

Gott unterwirft sie den Zielen seines gerichtlichen Handelns. Viele Zeugen der Wunder von Jesus kamen zu unterschiedlichen Aussagen über Jesus (Mt 16,13ff.). Selbst Johannes der Täufer, der von den Taten von Jesus hörte, war in seinem Urteil unsicher (Mt 11,2f.).

Heilungen, wie auch andere Zeichen und Wunder, sind also kein schlüssiger Beweis dafür, dass Menschen – auch Glaubende, die sie vollbringen – ausschließlich unter göttlichem Auftrag und in der Kraft des Heiligen Geistes handeln. Jesus hat vor falschen Wundertätern gewarnt, die in seinem Namen auftreten werden (Mt 7,22). Die letzte Wegstrecke der Gemeinde von Jesus vor der Wiederkunft des Herrn wird dadurch gekennzeichnet sein, dass Zeichen und Wunder geschehen, die nicht von Gott gewirkt sein werden, aber solche Faszination ausüben, dass möglicherweise auch die Gläubigen durch sie verführt werden könnten (Mt 24,24; 2. Thess 2,9).

Dadurch wird im Raum der Gemeinde die »Prüfung der Geister« notwendig, wie sie Johannes dringlich anmahnt (1. Joh 4,1). Hier handelt es sich um eine Gabe des Heiligen Geistes (1. Kor 12,10), die in das Leben der Gemeinde der Glaubenden eingebettet und ihr als Hilfe für den gemeinsamen Weg gegeben ist.

KAPITEL 5

Krankheit und Heilung in den ersten christlichen Gemeinden

Vergleichen wir die Evangelien mit den übrigen neutestamentlichen Schriften, so fällt uns sofort auf, wie in den Evangelien das heilende Handeln von Jesus geradezu integrierender Bestandteil der Verkündigung von Jesus ist. Heilungen gehören zum Alltag seines messianischen Dienstes.

Dieser Wesenszug des Handelns von Jesus setzt sich in Leben und Dienst der Gemeinde nicht geradlinig fort. In der Person von Jesus Christus, des Sohnes Gottes, ist Gottes Wirklichkeit erschienen (Joh 10,30; 14,9) und seine Herrschaft in der Welt offenbar geworden: »Das Reich Gottes ist herbeigekommen« (Mk 1,15). Nach Kreuzestod, Auferstehung und Himmelfahrt wirkt der erhöhte Herr durch seinen Heiligen Geist in den Gliedern seines Leibes, der Gemeinde der Glaubenden.

Die veränderte Situation

Es ist derselbe Herr, aber es ist doch sein verborgenes Handeln, das nur in einzelnen Stunden der Reichsgottesgeschichte in Macht und Herrlichkeit aufstrahlt. Es ist nicht zu jeder Zeit und an jedem Ort die gleiche Unmittelbarkeit wie in der irdischen Wirksamkeit von Jesus aufweisbar. Paulus bezeugt: »Wir haben aber diesen Schatz in irdenen Gefäßen« (2. Kor 4,7).

In der Apostelgeschichte, die in ihrer Berichterstattung einen weitaus längeren Zeitraum als die Evangelien umfasst, finden wir nur sieben Heilungsberichte.[19] Heilungen geschehen – vereinzelt; in den Vordergrund tritt die Verkündigung des Evangeliums.

In den Briefen des Neuen Testamentes treten Heilungsberichte völlig zurück, ebenso in den Schilderungen des Gemeindelebens, wie es sich in den sieben Sendschreiben der Offenbarung spiegelt (Offb. 2.3)[20]. Die wenigen Hinweise zu unserem Thema lassen sich rasch überblicken:

– Körperliche und seelische Gesundheit sind nicht selbstverständlicher Besitz des Menschen, sondern Gabe Gottes und darum auch Gegenstand apostolischen Segenswunsches: »Ich wünsche, dass es dir in allen Dingen gut gehe und du gesund seist, so wie es deiner Seele gut geht« (3. Joh 2).

– In der Gemeinde in Thessalonich sind Gemeindeglieder erkrankt und gestorben. Paulus geht auf die besorgten Fragen der Christen ein und tröstet sie mit der Hoffnung auf den wiederkommenden Herrn Jesus Christus (1. Thess 4,13-18).

– Paulus deutet die Krankheit mancher Christen in der Gemeinde in Korinth als Folge unwürdigen Verhaltens am Tisch des Herrn (1. Kor 11,30).

– Dem Apostel Paulus war die Gabe der Heilung anvertraut, und er hat sie unaufgefordert zur Heilung von Heiden auf der Insel Malta angewandt (Apg 28,7-10). Ganz offensichtlich hat er diese Gabe aber nicht eingesetzt, als sein Mitarbeiter Epaphroditus in Rom todkrank war (Phil 2,27.30); Trophimus hat er in Milet krank zurückgelassen (2. Tim 4,20) und seinen Mitarbeiter Timotheus wegen seines Magenleidens und seiner häufigen Schwächeanfälle nicht auf die Möglichkeit der Glaubensheilung verwiesen, sondern ihm eine gesunde Lebensweise verordnet: »Trinke nicht mehr nur Wasser, sondern nimm ein wenig Wein dazu ...« (1. Tim 5,23).

Während seiner ersten missionarischen Wirksamkeit in der römischen Provinz Galatien in Kleinasien erkrankte Paulus offenbar selbst schwer, denn er hat die Christen dort in seinem Brief noch einmal daran erinnert: »Ihr wißt doch, dass ich euch in Schwachheit des Leibes das Evangelium gepredigt habe beim ersten Mal« (Gal 4,13). Wenn Paulus von »Schwachheit« schreibt, dann bedeutet das griechische Wort astheneia, das er benutzt, Krankheit und fehlende Widerstandskraft. Im Sinne von »krank sein« kommt der Wortstamm 83-mal im Neuen Testament vor.

Neben all den körperlichen Beschwerden, die der Apostel Paulus im Dienst seines Herrn Jesus Christus zu erdulden hatte und die er in 2. Korinther 11,23-27 aufzählt, hatte er ein schweres (offensichtlich auch schmerzhaftes) körperliches – vielleicht auch inneres – Leiden zu tragen, das ihm zu geistlicher Anfechtung wurde und hinter dem er die Macht des Satans erkannte. Er berichtet, Gott dreimal ganz gezielt gebeten zu haben, ihn von diesem Leiden zu befreien. Gott hat auf sein Gebet geantwortet, ihm aber nicht seinen Wunsch erfüllt. Dafür hat Gott ihm die innere Kraft gegeben, dies Leiden aus seiner Hand anzunehmen und geduldig zu tragen (2. Kor 12,7-10). Die Krankheit, um die es sich hier möglicherweise gehandelt hat, verband den Apostel stärker mit seinem Herrn, als es die so dringlich erbetene Gesundheit je vermocht hätte.

Gaben der Heilung

Was uns an Krankheit und Leiden im Neuen Testament begegnet, ist aber nur eine Seite der Berichterstattung. Überall, wo das Evangelium verkündigt wird, wird auch auf die Möglichkeit hingewiesen, dass Jesus Christus als der erhöhte Herr durch die Kraft des Heiligen Geistes heilend in das Leben eines Menschen einzugreifen vermag – und dass er sich dazu auch gläubiger Menschen bedient. Das wird in zweifacher Weise konkret:

– Gott gibt einzelnen Gliedern der Gemeinde von Jesus für einen besonderen Dienst in der Gemeinde durch seinen Heiligen Geist Gaben der Heilung. Paulus zählt in Römer 12 und 1. Korinther 12 eine Reihe von »Gnadengaben« auf. Eine »Gnadengabe« (griech. charisma) ist eine bestimmte Begabung und der entsprechende Dienst eines einzelnen Christen innerhalb der Gemeinde. In 1. Korinther 12,9 spricht der Apostel davon, dass Christus einzelnen Gliedern »Gaben der Heilung« anvertraut. Die Pluralform, in der Paulus spricht, deutet wohl nicht nur auf die Möglichkeit zahlreicher Heilungen hin, sondern darauf, dass sich diese Gabe in mehrfacher Form wirksam erweisen kann: als heilende Berührung, als heilendes Gebet und als heilendes Wort. In jedem Fall handelt es sich darum, dass Gott einzelne Christen in seinem Dienst gebraucht, um durch die Wirkung seines Geistes kranke Menschen in den Einflussbereich seiner heilenden Kraft zu bringen.

– Sodann wird von der Möglichkeit gesprochen, dass ein Kranker die Ältesten der Gemeinde zu sich rufen lässt, die ihn mit Öl salben und über ihm beten sollen (vgl. Mk 6,13; die einzige Stelle im Neuen Testament, in der die Ölsalbung durch die Jünger erwähnt wird). Dieser zweite Weg, auf dem die Gemeinde den Heilungsauftrag erfüllen soll, wird uns im Jakobus-Brief gewiesen.

»Leidet jemand unter euch, der bete; ist jemand guten Mutes, der singe Psalmen. Ist jemand unter euch krank, der rufe zu sich die Ältesten der Gemeinde, dass sie über ihm beten und ihn salben mit Öl in dem Namen des Herrn. Und das Gebet des Glaubens wird dem Kranken helfen, und der Herr wird ihn aufrichten; und wenn er Sünden getan hat, wird ihm vergeben werden. Bekennt also einander eure Sünden und betet füreinander, dass ihr gesund werdet. Des Gerechten Gebet vermag viel, wenn es ernstlich ist. Elia war ein schwacher Mensch wie wir; und er betete ein Gebet, dass es nicht regnen sollte, und es regnete nicht auf Erden drei Jahre und sechs Monate. Und er betete abermals, und der Himmel gab den Regen, und die Erde brachte ihre Frucht« (Jak 5,13-18).

Dieser Abschnitt trägt in der Luther-Übersetzung die Überschrift »Das Gebet für die Kranken«, in der Revidierten Elberfelder Bibel ist er überschrieben »Krankheit, Sünde und die Macht des Gebetes«. Der Text wird häufig als apostolische Anweisung zur Krankenheilung verstanden, ist aber zuerst eine Ermutigung zum Gebet. Die wenigen Verse lassen sich deutlich in drei Abschnitte einteilen, in denen drei unterschiedliche Personenkreise angesprochen werden, wie auch drei unterschiedliche Begriffe der griechischen Sprache verwandt werden, um Krankheit und Leid zu beschreiben: Der Leidende soll selbst beten (V. 13); die Ältesten sollen beten (V. 14-

15); und schließlich sollen die Gemeindeglieder aneinander Seelsorge üben und füreinander beten (V. 16). In einem Nachsatz wird dann noch an das Gebet des Propheten Elia erinnert (V. 17-18).

Zunächst soll der Leidende selbst beten. Hier wird ganz realistisch festgestellt, dass auch Christen durch Leiden gehen. Das griechische Wort kakopathein meint mehr als nur körperliche Krankheit; es umfasst jeden Verlust und Schmerz, der uns zugefügt wird; alle Formen körperlicher Beschwerden, unter denen Christen manchmal seufzen (2. Kor 5,2.4), sind darin eingeschlossen. Wir dürfen seufzen, aber wir sollen auch beten.

Der Kranke soll beten

»Leidet jemand unter euch, der bete!« Wer krank ist, soll zu allererst selbst beten, bevor er andere Christen um ihre Fürbitte angeht. In diesem Gebet ist die Selbstprüfung mit Sicherheit eingeschlossen: die Frage, welche Absicht Gott wohl haben mag, wenn er uns gerade zu diesem Zeitpunkt eine Krankheit auferlegt. Zeiten der Krankheit sollen für uns zu einer Zeit des Gebets werden, das uns näher zum Herrn bringt; zu einer Zeit, in der wir Christus besser kennen lernen.

Das Gebet des Kranken wird kein Monolog sein, in dem er Gott seine Wünsche vorträgt. Gott wird auf Bitten und Fragen eines Christen antworten und ihm durch seinen Geist innere Weisung geben, ob er für sich um baldige Genesung beten soll. Wird ihm diese Zuversicht geschenkt, darf er bitten: »Herr, wenn du willst, kannst du mich heilen« (vgl. Mk 1,40-42). Es kann also nicht darum gehen, dass wir versuchen, das Leiden um jeden Preis »wegzubeten«. Christen sollen Nachfolger ihres Herrn Jesus Christus sein, von dem der Apostel im Hebräerbrief bezeugt, dass er »an dem, was er litt, den Gehorsam lernte« (Heb. 5,8), und der selbst in der Stunde größter Anfechtung dreimal betete: »Mein Vater, ist's möglich, so gehe dieser Kelch an mir vorüber; doch nicht wie ich will, sondern wie du willst« (Mt 26,39.42.44).

Der nachfolgende Satz in Jakobus 5,13 »Ist jemand guten Muts, der singe Psalmen« könnte darauf hindeuten, dass Gott auf das schlichte Gebet eines einzelnen Christen um Heilung für sich geantwortet hat und solcher Mensch Gott dafür von Herzen danken sollte. Vielleicht müssen wir aber diesen Satz in viel umfassenderem Sinn verstehen, zumal der Apostel Jakobus seinen Brief nicht nur für Kranke geschrieben hat. Er ist eine liebevolle Erinnerung, dass wir, wenn es uns gut geht, viel mehr Gott dafür danken sollten.

»Das Bittgebet in angefochtener Lage und das Loblied aus fröhlichem Herzen gehören zueinander. Jemand wird in den Notzeiten seines Lebens kaum die Freiheit haben, Gott um Hilfe anzurufen, wenn er die Anbetung Gottes nicht bereits in den glücklichen und unbeschwerten Zeiten seines Lebens geübt hat«.[21] Gott ist nicht der Erfüllungsgehilfe unserer Wünsche oder nur Rettungsanker in Notzeiten.

Das Gebet der Ältesten

Im zweiten Gedankengang unseres Textes heißt es, dass die Ältesten beten sollen. Scheint es so, dass Gott auf das persönliche Gebet des Kranken und auf die Fürbitte der Gemeinde nicht antwortet und der Zustand des Kranken sich nicht ändert, dann soll der Kranke den Dienst der Ältesten in Anspruch nehmen. Die Ältesten handeln stellvertretend für die Gemeinde. Mit ihnen tritt auf verborgene Weise Jesus selbst an das Krankenbett. Der Apostel zeigt in unserem Textabschnitt eine Verhaltensweise auf, die für ihn selbstverständlich war: »Ist jemand unter euch krank, der rufe zu sich die Ältesten der Gemeinde.« In dieser Anweisung ist nicht im geringsten die Ablehnung medizinischer Hilfe enthalten, vielmehr wird dort, wo alle ärztliche Kunst versagt, auf eine Möglichkeit hingewiesen. In Jakobus 5,14.15 stehen im griechischen Text zwei verschiedene Worte für »kranksein« – asthenein und kamnein –, die beide darauf hinweisen, dass es sich um einen Kranken handelt, der sich im Zustand akuter körperlicher Schwäche befindet, der hoffnungslos krank ist, dem menschlich gesehen nur noch das Sterben bleibt.

»Zur Zeit des Jakobus war es nicht möglich, so eindeutig zu unterscheiden zwischen Krankheiten, von denen man genesen kann und solchen, die mit

Sicherheit zum Tode führen. Im Gegensatz zur heutigen Zeit mit ihren medizinischen und pharmazeutischen Möglichkeiten rechnete man eher mit der Möglichkeit des Sterbens bei Krankheiten, die einen Menschen so niedergeschlagen hatten, wie Jakobus es beschreibt ... Der Kranke muss entscheiden, in welcher Situation und in welchem Zustand er die Ältesten zu sich ruft.«[22]

Die Gemeindeältesten sind Christen, die im Lauf der Nachfolge Erfahrung und Stetigkeit im Glauben gewonnen haben, vom Vertrauen der Gemeindeglieder getragen werden und denen die Leitung der Gemeinde anvertraut wurde. Auf das Gebet der Ältesten, verbunden mit einem klärenden, seelsorgerlichen Gespräch, in dem auch Sünden bekannt werden können und Vergebung zugesprochen wird, wird Gott mit heilenden Kräften antworten. Das Gespräch mit den Ältesten der Gemeinde, veranlasst durch eine Krankheit, kann dazu dienen, dass Bereiche unseres Lebens, die bisher noch nicht unter der Kontrolle des Heiligen Geistes standen, in die Hand von Jesus gegeben werden. Auf diese Weise kann eine Krankheit zu vermehrter Heiligung des Lebens führen.

»Die Ältesten mögen über ihm beten und ihn mit Öl salben im Namen des Herrn.« Hier wird nicht ausdrücklich von Handauflegung gesprochen, jedoch lässt der griechische Text – proseuxasthosan ep auton, »sie sollen über ihm beten« – vermuten, dass dem Kranken beim Gebet die Hände aufgelegt wurden. Damit handelten die Ältesten gemäß der Anweisung des auferstandenen Herrn an die Jünger: »... auf Kranke werden sie die Hände legen, so wird's besser mit ihnen werden« (Mk 16,18).

Die Salbung mit Öl

Handauflegung und Salbung mit Öl sollten auf sinnfällige Weise das Gebet der Ältesten unterstützen. H. Bräumer versteht den griechischen Text so, dass er in dem »mit Öl salben« eine antike Form medizinischer und pflegerischer Versorgung des Kranken sieht.[23] Ohne Zweifel war Öl ein oft angewandtes Heilmittel, das zum Lindern und Erweichen diente, aber sicher nicht bei jeder Erkrankung angewandt wurde. Wahrscheinlicher aber ist, dass die Christen bei der Salbung mit Öl nicht zuerst an eine medizinische Heilwirkung dachten, sondern sie im Zusammenhang mit alttestamentlichen Ordnungen sahen. A. Köberle urteilt: »Der Sinn ist vielmehr der: So wie im Alten Bund die heiligen Geräte für die Stiftshütte oder für den Salomonischen Tempel in feierlicher Weise gesalbt wurden, als Ausdruck der Übergabe an Gott, im gleichen Sinn soll sich der Kranke durch den Vorgang der Ölung mit Leib und Seele an Gott ausliefern.«[24]

Es besteht kein Zweifel, dass die Christen, an die der Jakobusbrief zunächst gerichtet war, mit der Symbolsprache des Alten Testaments vertraut waren. Darum brauchte der Apostel ihnen und den

Gemeindeältesten die geistliche Bedeutung der Ölsalbung nicht ausführlich zu erläutern. Für sie war die Salbung »geistliche Zeichensprache«, Ausdruck einer inneren Bereitschaft, nicht aber eine magische Handlung, die lediglich auf Geheiß des Apostels unverstanden vollzogen wurde. Hier wurde nicht gehandelt, ohne dass die geistliche Zielsetzung geklärt war.

Das ist sicher wichtig für unsere Praxis heute. Wir finden im Neuen Testament mehrfach Hinweise, dass Leben in der Nachfolge nicht in der Übernahme unverstandener Glaubenswahrheiten besteht (vgl. Mt 16,5-12; Lk 12,41; Joh 13,12; Apg 8,30.34); gedankenlose Nachahmung von Lebensformen und Verhaltensweisen der ersten Christen darf nicht mit echtem Glaubensgehorsam verwechselt werden. Heute besteht vielleicht in manchen Kreisen die Gefahr, in einem falsch verstandenen »Gehorsam gegenüber dem Wort Gottes« die Salbung mit Öl an einem Kranken auszuführen (ihm Öl auf seine Stirn zu streichen), ohne darüber biblisch begründete Auskunft geben zu können. Auf diese Weise würde die Salbung den Charakter einer magischen Handlung gewinnen. Besteht keine ausreichende Möglichkeit, mit dem Kranken über den biblischen Hintergrund der Salbung und ihre Bedeutung zu sprechen, sollte die Salbung mit Öl wohl besser unterbleiben. Die Wirkung des Gebetes hängt weder von der Handauflegung noch von der Salbung mit Öl ab, sie ist letztlich auch nicht an die Vollmacht der Ältesten und einen großen Glauben des Kranken gebunden, sondern die Erhörung des Gebetes ist eine Gabe des Herrn, in dessen Namen, d. h. nach dessen Willen das alles geschieht.

Das Gebet des Glaubens wird helfen

In enger Anlehnung an den griechischen Text können wir übersetzen: »Das Gebet des Glaubens wird den Kranken retten, und der Herr wird ihn aufrichten.« Hier gebraucht der Apostel das griechische Wort sozein für retten, das in der Luther-Übersetzung mit »helfen« wiedergegeben wird. Im Neuen Testament liegt die zentrale Bedeutung des Wortes »retten« darin, dass es immer auf Christus bezogen ist und sein Handeln charakterisiert. Es gibt nur einen, der rettet – Jesus Christus. Darin liegt ein absoluter und universaler Anspruch (vgl. Apg 4,12). Die Rettung umfasst Vergebung der Sünden und Gemeinschaft mit Gott als gegenwärtige Wirklichkeit, die Errettung vor dem kommenden Zorn und Anteil an der göttlichen Herrlichkeit. Das Gebet der Ältesten zielt also nicht zuerst auf die Wiederherstellung der körperlichen Unversehrtheit, sondern auf das ewige Heil des Kranken, die Rettung im Endgericht. Retten ist etwas anderes als heilen. Es bedeutet in unserem Text, dass der Kranke in der Hand von Jesus bleibt.

In die gleiche Richtung weist uns der Schluss des Satzes »... und der Herr wird ihn aufrichten«. Wo das Wort »aufrichten« in der griechischen Übersetzung des Alten Testamentes gebraucht wird, hat es meist den Sinn von »ermutigen, stärken« (Dan 8,18; ähnlich Ri 2,16.18). In den Evangelien beschreibt es das Handeln von Jesus in der Erweckung Toter zum Leben; die Apostel benutzen das Wort, wenn sie von der Auferstehung von Jesus und der endzeitlichen Auferweckung der Toten sprechen. Der Blick geht bereits über das irdische Ende hinaus auf die neue Existenzweise in Unvergänglichkeit, Herrlichkeit und Kraft (1. Kor 15,42). »Aufrichten« heißt in unserem Wort: Gott selbst wird den Kranken durch das ihm zugesprochene Wort trösten und ihm neuen Mut geben. Durch Gott »aufgerichtet werden« wird von den Betroffenen unterschiedlich erfahren: Bei dem einen kommt die Krankheit zum Stillstand, einem anderen schenkt Gott neue Kräfte zur Genesung, der Krankheitszustand bessert sich. Wieder ein anderer wird erleben, dass Gott ihm die Gesundung gewährt, Gott heilt ihn von seiner Krankheit. Menschen, denen Gott diese Hilfe versagt, werden dennoch von Gott »aufgerichtet«: Sie empfangen die Kraft, mit der Krankheit zu leben, und andere werden durch das Gebet zum Sterben gesegnet, mit geistlicher Kraft für die letzte Wegstrecke ausgerüstet. In jedem Fall sollte uns beim Gebet die Bitte leiten: »Herr, mache es so mit mir, wie es nach deinem Ratschluss für mich das Beste ist« (vgl. Röm 8,28).

Anhaltende Fürbitte der Gemeinde

Erst hat der Apostel Jakobus sich an den einzelnen Christen gewandt, der im Leiden steht – er soll beten. Dann fordert er die Ältesten zum Gebet für die Kranken auf. Schließlich wendet er sich an alle Glaubenden. Die Gemeindeglieder sollen füreinander in Beichte und Fürbitte Verantwortung übernehmen.

Beim Hinweis auf den Krankenbesuch der Ältesten hat der Apostel eine Einschränkung gemacht: »Wenn der Kranke Sünden begangen hat ...« Er weist damit die Vorstellung zurück, als müsse jede Erkrankung ihre Ursache in einer konkreten Sünde des Kranken haben. Damit mahnt er auch die Ältesten zu geistlicher Weisheit und Behutsamkeit im Gespräch mit dem Leidenden.

In der dritten Anweisung zum Gebet weitet der Apostel die Verantwortung der Gemeindeglieder füreinander aus. Vorher hatte er gesagt. »Wir verfehlen uns alle mannigfaltig« (Jak 3,2). Jetzt mahnt er: »Bekennt also einander eure Sünden und betet füreinander, dass ihr gesund werdet« (Jak 5,16). Beichte heißt: »Der schuldig Gewordene berichtet von seiner Schuldverflechtung. Er nennt seine Sünden beim Namen. Bekenntnis der Sünden hat das Ziel, Jesus in die Vergangenheit mitzunehmen.«[25] Im anschließenden gemeinsamen Gebet geht es vor allem um Vergebung, um ein Gesundwerden des inneren Menschen, ein Heilwerden von Herz und

Gewissen (griech.: *iaomai*), dass ein Mensch von den Folgen seiner Sünde wiederhergestellt wird.

Es mag sehr menschlich gedacht erscheinen: Aber würden wir nicht mehr Heilungen durch Gottes unmittelbares Eingreifen erfahren und würde auf der ärztlichen und pflegerischen Tätigkeit einzelner Christen nicht mehr Segen liegen, wenn in den verschiedenen christlichen Kreisen intensivere Fürbitte für die Kranken geleistet und ernsthaft für ihre Heilung gebetet würde? Natürlich kann nur dann ein Gemeindeglied die Gemeinde zur Fürbitte aufrufen, wenn es selbst in einem ungebrochenen Verhältnis zur Gemeinde steht, sich nicht nur als »Randsiedler« je und dann einmal im Gottesdienst sehen lässt, sondern engagiert mit der Gemeinde lebt. In dieser Hinsicht kann eine Krankheitszeit eine Gelegenheit Gottes für einen Menschen sein, dass er sein Verhältnis zur Gemeinde der Gläubigen am Ort, wo er lebt, überprüft und in Ordnung bringt.

Alle sollen anhaltend beten, der einzelne Christ im Leiden, die Ältesten und die Gemeindeglieder füreinander – wie der Prophet Elia. Der Hinweis auf das Gebet des Elia legt den Gedanken nahe, dass Christen wiederholt mit der gleichen Bitte zu Gott kommen dürfen, dass auch die Ältesten das Gebet mit Handauflegung unter Umständen mehrfach wiederholen sollen, wie Elia auf dem Karmel siebenmal betete, bis sich die erste Regenwolke zeigte (1. Kön 18,42-45).

In unserem Text wird ausdrücklich vom »Gebet des Glaubens« gesprochen (vgl. 1. Kor 12,9); das könnte ein Hinweis darauf sein, dass die Ältesten erst auf besondere Weisung des Heiligen Geistes um Heilung des Kranken beten sollen, wie auch Elia vor seinem Gebet ein Wort Gottes empfing, das ihn zum Gebet bevollmächtigte (1. Kön 17,1-2; 18,1). Die Anweisung des Jakobus ist getragen von der Gewissheit, dass Gott auf Gebet antwortet. Wie Gott darauf antworten wird, dürfen wir ihm in unseren Gebeten nicht vorschreiben wollen.

KAPITEL 6

Heilung und Heil
des Menschen

Schon im ersten Kapitel habe ich darauf hingewiesen, dass es einzelne Christen und christliche Gruppen gibt, die die Heilung jeder Krankheit im Leben eines Gläubigen erwarten oder sogar als Ausdruck echten Glaubens fordern. Dabei berufen sie sich stets auf die Bibelstellen Jesaja 53,4 und Hebräer 13,8. Weil Christus nicht nur unsere Sünde, sondern auch unsere Krankheiten getragen habe und als auferstandener Herr für alle Ewigkeit unwandelbar gleich bleibe, dürften wir auch heute in jedem Fall mit seinem heilenden Handeln rechnen. Ich taste bei meiner Argumentation die unbedingte Zuverlässigkeit der biblischen Aussagen nicht an; ich meine aber, dass es unzulässig ist, einzelne Bibelverse aus dem theologischen Kontext und dem heilsgeschichtlichen Zusammenhang herauszureißen. Die Heilungen, von denen das Neue Testament berichtet, sind Zeichen des Einbruches der neuen Welt Gottes, sie tragen Signalcharakter, weisen auf die noch ausstehende Vollendung hin. Wir leben in der Spannung zwischen dem ersten und dem zweiten Kommen von Jesus. Jesus hat durch seinen Kreuzestod und seine Auferstehung die Macht der Sünde gebrochen und uns vom ewigen Tod erlöst. Wir können völlige Vergebung empfangen. In der Auferstehung hat er auch die Macht des Todes gebrochen (Hebr 2,14), aber noch nicht den Tod aufgehoben. Jede Krankheit – je älter der Mensch wird, umso bewusster kann es ihm werden – ist Vorbote des Sterbens. Krankheit und Tod werden erst nach der Wiederkunft von Jesus, dem Tausendjährigen Reich und dem Endgericht bei der Neuschöpfung von Himmel und Erde aufgehoben. In Offenbarung 21,1-5 heißt es: »Ich sah einen neuen Himmel und eine neue Erde; denn der erste Himmel und die erste Erde sind vergangen ... Und ich hörte eine große Stimme von dem Thron her, die sprach: Siehe da, die Hütte Gottes bei den Menschen! Und er wird bei ihnen wohnen ... und Gott wird abwischen alle Tränen von ihren Augen, und der Tod wird nicht mehr sein, noch Leid noch Geschrei noch Schmerz wird mehr sein ... Und der auf dem Thron saß, sprach: Siehe, ich mache alles neu!«

Unsere Vergänglichkeit im Horizont zukünftiger Herrlichkeit

Das Neue Testament macht deutlich, dass die gegenwärtige Zeit noch durch Vergänglichkeit, Krankheit und Tod gekennzeichnet ist (1. Kor 15,42f.). Heilungen geschehen – als Wunder Gottes. Sie sind Vorboten der neuen Schöpfung. Aber sie tragen alle das

Zeichen der Vorläufigkeit, sie haben nur zeitlich begrenzte Bedeutung. Alle, die durch Jesus Christus auf wunderbare Weise von einer Krankheit geheilt wurden, mussten durch das Tor des Todes in die Ewigkeit eingehen. Auch Lazarus, den Jesus durch sein vollmächtiges Wort ins Leben zurückrief, musste später noch einmal sterben. Und so sind auch in den vergangenen Jahrhunderten alle Glaubenden, die der erhöhte Herr auf Grund des Gebetes geheilt hat, gestorben. Für alle gilt: »Unser äußerer Mensch verfällt« (2. Kor 4,16). Erst dann, wenn Gott einen neuen Himmel und eine neue Erde geschaffen haben wird, wird es keine Krankheit und keinen Tod mehr geben.

Der menschlichen Hinfälligkeit stellt der Apostel Paulus die Erlösung entgegen, die dem Glaubenden durch Jesus Christus geschenkt ist. Er ist sicher, dass die kommende Herrlichkeit, die Gott für uns bereit hält, so groß ist, dass alles, was wir jetzt leiden müssen, in gar keinem Verhältnis dazu steht. Er schreibt in Römer 8,18ff.: »Ich bin überzeugt, dass dieser Zeit Leiden nicht ins Gewicht fallen gegenüber der Herrlichkeit, die an uns offenbart werden soll.« Was er im folgenden Satz schreibt, zeigt, dass er bei den Leiden nicht etwa nur an Verfolgungen und Leiden um des Glaubens willen denkt – alle körperliche Not, Leiden in jeder Gestalt, auch Krankheiten sind mit einbezogen. Er fährt fort: »Das ängstliche Harren der Kreatur wartet darauf, dass die Kinder Gottes offenbar werden. Die Schöpfung ist ja unterworfen der Vergänglichkeit ... Denn wir wissen, dass die ganze Schöpfung bis zu diesem Augenblick mit uns seufzt und sich ängstet. Nicht allein aber sie, sondern auch wir selbst, die wir den Geist als Erstlingsgabe haben, seufzen in uns selbst und sehnen uns nach der Kindschaft, der Erlösung unseres Leibes.« Das griechische Wort für »Kreatur« und »Schöpfung« umfasst gewiss alles, was Gott geschaffen hat, bezieht sich aber zuerst auf den Menschen als Geschöpf Gottes (vgl. Mk 16,15; 2. Kor 5,17). Die ganze Menschheit – als gefallene Menschheit – leidet an Not und Krankheiten, Kriegen und Naturkatastrophen, die unsägliches Leid verursachen. Gott hat seinen Kindern keinen Sonderstatus eingeräumt. Auch der Christ ist in seiner menschlichen Existenz der Anfälligkeit und Vergänglichkeit preisgegeben. Der Glaube an Jesus Christus schützt nicht vor Katastrophen und bewahrt nicht vor einer schweren, qualvollen Krankheit. Jesus Christus lässt uns als Erlöste »eingebunden« in diese irdische Schöpfung, wir bleiben auch als Kinder Gottes mit unserer ganzen Leiblichkeit Teil der gefallenen Welt und leben noch nicht im Himmel. So erinnert uns jede Krankheit daran, dass Gott uns noch nicht aus der Situation der gefallenen Schöpfung herausgenommen hat; wir sind noch nicht am Ziel; wir bleiben auch als Kinder Gottes abhängig von seiner Gnade.

Das bedeutet für uns, dass wir die im Horizont der Bibel angedeutete Fülle des Lebens heute – im gegenwärtigen Abschnitt der Heilsgeschichte Gottes – noch nicht völlig ausschöpfen können. Gott wird die Zeit heraufführen, in der alle körperlichen

Belastungen, Krankheiten und alles Sterben von uns genommen sein werden. Es wäre Schwärmerei, wenn wir als Gläubige heute das schon vorwegnehmen wollten, was Gott für einen späteren Zeitpunkt vorbehalten hat.

Vorsicht bei zu sicherer Erwartung von Heilungen

Darum sind bei vielen enthusiastischen Heilungsberichten die Bedenken berechtigt, die der Arzt und Seelsorger Paul Tournier anmeldet[26]: »Ein schwerer Zweifel besteht bei uns Ärzten über gewisse Erzählungen von Wunderheilungen: Manchmal vermuten wir einen diagnostischen Irrtum, dann wieder sehen wir einen Kranken, der sich als geheilt ausgibt, während wir keine wirkliche Heilung sehen; übrigens zweifelt er vielleicht selbst daran, ohne es sich einzugestehen, und hat nun das Bedürfnis, seine Heilung besonders zu betonen, um sich wirklich davon zu überzeugen; und schließlich scheint es uns oft auch, dass bei dieser oder jener Heilung mehr magisches Denken als echter Glaube im Spiele sei.«

In unserer Generation wird von verschiedenen christlichen Gruppen der Ruf nach Heilung in unbiblischer Weise in den Vordergrund gerückt. Hier wird man einmal kritisch nach den Motiven fragen müssen. Ist die Betonung körperlicher Heilung als Folge rechter Evangeliumsverkündigung und rechten Glaubens nur aus der Sehnsucht nach vermehrter geistlicher Vollmacht geboren? Oder entspringt die enge Verknüpfung von Glaube und leiblichem Wohlergehen anderen als biblischen Motiven, nämlich der grundsätzlichen Ablehnung von Krankheit und Tod? Wir beobachten doch, dass breite Schichten der Industriegesellschaft zunehmend unwillig und unfähig werden, Leiden anzunehmen und zu verarbeiten. »Unsere Leidensfähigkeit nimmt ab, je mehr Betäubungsmittel wir dagegen entwickeln.«[27] Ulrich Eibach hat in seiner Untersuchung »Der verdrängte Tod« festgestellt: »Schmerz- und Leidensfreiheit sind hohe Ideale der Leistungsgesellschaft, denn Schmerz und Leid stören den reibungslosen Ablauf gesellschaftlichen Funktionierens und mindern den persönlichen Erfolg und Genuss. Das Ziel, dem die gesellschaftliche Entwicklung zusteuert, ist die Arbeits- und Genussfähigkeit.«[28]

Als Christen sollten wir solche Entwicklungen aufmerksam und kritisch beobachten, um ihnen nicht unbemerkt selbst zu verfallen. Für die Bibel sind Gesundheit und Wohlergehen, Arbeits- und Genussfähigkeit nicht höchste Werte. Dem Leiden um jeden Preis auszuweichen, ist kein erstrebenswertes Ziel. Nur wer in Tagen der Krankheit bereit ist, das Leiden aus Gottes Hand anzunehmen, darf auch getrost um Heilung beten.

Heil ist wichtiger als Heilung

Auf die Fragen, die uns hier beschäftigen, hat Elias Schrenk (1831 - 1913) in den *»Seelsorgerlichen Briefen an allerlei Leute«* eine hilfreiche Antwort gegeben: »Unser Gott ist unumschränkt; in vielen Fällen hatte ich Gebetserhörungen, in anderen hatte ich sie nicht, konnte aber den Grund der Nichterhörung nicht angeben. Die wohlfeile Erklärung, es fehle in letzterem Fall den Kranken am Glauben, möchte ich mir nicht in allen Fällen aneignen.

Ich finde es gegenüber den Kranken grausam, wenn man an sie die Forderung stellt, durch ihren Glauben sollten sie die Gabe der Heilung ersetzen. Wer nicht sagen kann: ›Im Namen Jesu, stehe auf und wandle‹, der hat auch kein Recht, dem Kranken zu sagen: ›Wenn du glaubst, so kannst du aufstehen und wandeln!‹ Soviel sollte jedem erfahrenen Seelsorger klar sein: Krankheiten haben in sehr vielen Fällen erzieherischen Zweck. Ist dieser Satz richtig, so wird auch der andere richtig sein: Gott wird ein Leiden nicht wegnehmen, ehe es seinen Zweck bei dem Kranken erreicht hat; vorher können wir die Heilung gar nicht wünschen.

Zum Schluss möchte ich noch einem Irrtum begegnen. Nach Jesaja 53,4.5 und Matthäus 8,17 hat der Herr uns am Kreuze das Gnadenrecht erworben, dass wir auch um Heilung von leiblicher Krankheit bitten dürfen. Es wäre aber bedenklich zu behaupten: Wie Er uns am Kreuze Vergebung der Sünden erworben hat, so hat Er uns auch Heilung von aller leiblichen Krankheit erworben. Vergebung der Sünden ist unbedingte Notwendigkeit; Heilung von leiblicher Krankheit ist keine Notwendigkeit, sonst müsste der Tod beseitigt werden. Alle, die versucht haben, aufgrund der zwei genannten Stellen Heilung von aller Krankheit zu lehren, sind zuschanden geworden. Bitte ich Gott um Vergebung der Sünden, so brauche ich nicht hinzuzufügen: ›Wenn es dein Wille ist!‹; ich darf sie im Glauben annehmen. Bitte ich aber um Heilung des Leibes, so darf der Zusatz nicht fehlen: ›Wenn es dein Wille ist!‹ Wir müssen kindlichen Glauben und Ergebung in den Willen Gottes vereinigen.

Wenn es Gottes Wille ist, dass eines seiner Kinder ihn im Leiden verherrliche, wer will es ihm wehren? Gläubiges Gebet ist nicht eine Kanonade, durch die man Gott zur Kapitulation zwingt, sondern das Bitten des Tiefgebeugten, der seinem Gott alles zutraut, aber auch alles hinzunehmen bereit ist, was seine Hand gibt.«[29]

Gebete, in denen man seinen eigenen Willen durchsetzen will, bringen Leid über uns (Ps 106,14f.). Wohin es führt, wenn man in Tagen der Krankheit Gott im Gebet etwas abtrotzen will, wenn man nicht dabei sagt: »Dein Wille geschehe«, zeigt uns das Verhalten und die geistliche Entwicklung des Königs Hiskia von Juda. In einem kurzen Bericht über ihn lesen wir: »Hiskia wurde todkrank; und er betete zum Herrn. Der redete mit ihm und tat an ihm ein

Wunder. Aber Hiskia vergalt nicht die Wohltat, die an ihm geschehen war; denn sein Herz wurde hochmütig« (2. Chr 32,24f.). Hiskia war todkrank, und der Prophet Jesaja erhielt von Gott den Auftrag, dem Kranken zu sagen: »Bestelle dein Haus, denn du wirst sterben« (Jes 38,1ff.).

Im Bericht heißt es weiter: »Da wandte Hiskia sein Angesicht zur Wand und betete zum Herrn; und er weinte sehr« (2. Kön 20,2f.). Wir können daraus schließen, dass er sich nicht unter den Willen Gottes beugte. Gottes Antwort lautete: »Ich will deinen Tagen noch fünfzehn Jahre zulegen.« Am Beginn der Regierungszeit Hiskias heißt es: »Er tat, was gut, recht und wahrhaftig war vor dem Herrn, seinem Gott. Und alles, was er anfing für den Dienst des Hauses Gottes nach dem Gesetz und Gebot, seinen Gott zu suchen, tat er von ganzem Herzen, und es gelang ihm« (2. Chr 31,20f.).

Nach der wunderbaren Genesung und Heilung aber »wurde sein Herz hochmütig«. Der babylonische Freiheitskämpfer Merodach-Baladan schickte Hiskia eine Glückwunschbotschaft zur Genesung. Gott prüfte ihn dadurch, »damit kundwürde alles, was in seinem Herzen war« (2. Chr 32,31). Hiskia fühlte sich geehrt, »er freute sich über die Boten« und gab ihnen Einblick in seine Finanzpolitik und sein Rüstungspotential, er zeigte ihnen sein Schatzhaus und sein Zeughaus (2. Kön 20,13ff.). Als ihm Jesaja daraufhin Gottes Gericht ankündigt: »Es kommt die Zeit, dass alles nach Babel weggeführt werden wird was in deinem Hause ist«, denkt er nur an sich und seine Zeit, weist aber jede Verantwortung für die Zukunft von sich: »Hiskia sprach zu Jesaja: Das Wort des Herrn ist gut, das du sagst. Denn er dachte: Es wird doch Friede und Sicherheit sein, solange ich lebe« (Jes 39,8). Als Hiskia nach Ablauf der fünfzehn Jahre starb, war sein Sohn Manasse zwölf Jahre alt. Er wäre demnach nicht geboren worden, wenn Hiskia fünfzehn Jahre früher gestorben wäre. Wie viel Leid und Verführung zur Gottlosigkeit wäre dem Reich Juda erspart geblieben. Manasse hat sich später so verhalten, dass Gott dem Propheten Jeremia sagt: »Und wenn auch Mose und Samuel vor mir stünden, so habe ich doch kein Herz für dies Volk ... Ich will sie zu einem Bild des Entsetzens machen für alle Königreiche auf Erden um Manasses willen, des Sohnes Hiskias, des Königs von Juda, für alles, was er in Jerusalem begangen hat« (Jer 15,1.4).

Dennoch: Gebet um Heilung

Alles bisher Gesagte hebt nicht die Frage auf: Sind im Raum der Christusgemeinde nicht Gaben vernachlässigt worden und Möglichkeiten ungenützt geblieben, die Gelegenheiten zur Verherrlichung Gottes gewesen wären? Wenn immer wieder einzelne Christen zu organisierten »Heilungsversammlungen« gehen, um dort Hilfe zu suchen, dann entspricht diese Verhaltensweise nicht dem Neuen Testament, weist aber zumeist auf einen Mangel in den Gemeinden hin. Die wirksamste Korrektur für falsches Verhalten einzelner Christen im Blick auf Glaubensheilungen besteht darin, dass in den Gemeinden Glaubensgehorsam praktiziert und vermehrt um Heilung der Kranken gebetet wird. Lebendige Gemeinden sollten mehr denn je bereit sein, nach dem Wort des Herrn zu handeln und Heilungen von Gott zu erwarten. In der Praxis des Gemeindedienstes habe ich mehrfach Heilungen seelisch und körperlich Kranker miterlebt, bei denen Ärzte an der Grenze ihrer medikamentösen oder operativen Möglichkeiten standen. Ich habe Missionare in Brasilien besucht, die kurz zuvor auf einem Treffen Gottes besondere Hilfe erfahren hatten. Sie haben darüber berichtet: »Im Anschluss an jedes Bibelstudium vereinigten wir uns zum Gebet. Dabei kam es am Sonntagmorgen zu einem besonderen Erlebnis. Einer der Teilnehmer war schon länger krank und befand sich fast dauernd in ärztlicher Behandlung. Während des Gebetes wurde es ihm klar, um ein besonderes Gebet um seinetwillen zu bitten. Wir spürten, dass wir dieser Bitte entsprechen sollten. Drei Brüder legten ihm die Hände auf und beteten für ihn zum Herrn. Alle Teilnehmer empfanden die Gegenwart Jesu und waren sichtlich bewegt. Gott erhörte das Gebet, und unser Bruder wurde geheilt.«

Solches Erleben gehört nicht zum Alltäglichen der Gemeindepraxis und der Missionsarbeit. Wir können daraus keine verallgemeinernden Schlussfolgerungen ziehen. Wir dürfen solche Erfahrungen auch nicht unbedacht weitergeben, da der Blick des

Christen auf Jesus Christus gerichtet bleiben soll, aber nicht auf die körperliche Heilung fixiert werden darf. Jedoch sollte man das Wort von Paul Tournier sorgfältig bedenken: »Es gibt göttliche Heilungen; es gibt Wunderheilungen; es gibt Gebets- und Glaubensheilungen. Die Menschen, welche diese Erfahrung machten oder als Zeuge dabei waren, müssen davon sprechen, zum Ruhme Gottes und um die Hoffnung der Kranken zu stärken. Aber bei solchen Zeugnissen überschreitet man die Wahrheitsgrenze schnell; man verallgemeinert, wie wenn Gott alle heilen würde, die ihn anrufen; man erweckt bei all denen ein Schuldgefühl, die Hilfe bei der Schulmedizin suchen oder Medikamente einnehmen – wie wenn das alles nicht auch Geschenke Gottes wären.«[30] Zu aller Kühnheit des Glaubens gehört auch die Demut und Bescheidenheit, in der wir Gott für sein Helfen nicht Ziel, Zeit, Maß oder Grenze setzen, sondern bereit sind, ihm zu vertrauen, selbst wenn es zum Sterben geht.

KAPITEL 7

Leben mit der Krankheit

Wenn auch die letzte Ursache aller Krankheiten und Leiden in der Loslösung des Menschen von Gott zu suchen ist, wir also von einem schuldhaften Ursprung reden müssen, so haben Krankheiten doch oft einen positiven Sinn im menschlichen Leben, auch im Leben der Gläubigen.

Manchmal verfolgt Gott mit der Krankheit ein bestimmtes Ziel – mag es uns auch lange Zeit verborgen sein. Wenn wir einmal krank werden und nicht wissen, warum – Gott weiß es!

Krankheit soll im Leben des Christen nicht zuerst ein Störfaktor sein, der unseren Terminkalender durcheinander bringt. Es kann sein, dass Gott uns auf diese Weise Gelegenheit geben will, Zeit zur Gemeinschaft mit ihm zu haben. Dass unsere Arbeit wichtig ist, weiß Gott, und doch will er, dass wir Zeit für ihn haben. Jesus Christus setzt die Rangordnung der Werte, und oft hilft uns erst eine Krankheit dazu, Geduld zu lernen und uns in der Gelassenheit und Sorglosigkeit zu üben, von der Jesus in der Bergpredigt (Mt 6,31-33) gesprochen hat: »Darum sollt ihr nicht sorgen und sagen: Was werden wir essen? Was werden wir trinken? Womit werden wir uns kleiden? ... Euer himmlischer Vater weiß, dass ihr all dessen bedürft. Trachtet zuerst nach dem Reich Gottes und nach seiner Gerechtigkeit, so wird euch das alles zufallen.«

Für manchen Christen ist die Zeit einer längeren Krankheit die Vorbereitung für neue Aufgaben geworden, die Gott für ihn bereithielt. Vielfach haben sich Christen im Rückblick auf eine durchstandene Leidenszeit etwa so geäußert: »Ich möchte diese Zeit des Krankseins in meinem Leben nicht missen.«

Die Heilung oder Nichtheilung eines Kranken ist kein Maßstab zur Beurteilung seines Glaubens. Es kann Situationen im Leben eines Menschen geben – auch die Situation einer Krankheit -, die Gott nicht verändern möchte. Wir werden durch Jesus ermutigt, zu bitten, aber wir müssen uns vor der Versuchung hüten, ihn heimlich mit unseren Gebeten zwingen zu wollen.

Krankheit als Segenszeit

Schließlich sollten wir nicht vergessen, dass Leiden und Gar-nichts-tun-Können auch ein Auftrag Gottes sein kann. Für viele Menschen sind langdauernde Krankheiten und lebenslängliche Behinderungen zur Schule des Gebets und der Fürbitte geworden.

Es kann sein, dass die Art, wie ein Christ sein Leiden bewältigt, zu einem wirksameren Zeugnis für seine Umwelt wird als eine spontane Heilung, in der Gott ihn von seinem Leiden befreien könnte. Man kann krank sein und doch anderen zum Segen werden.

Eine Krankheitszeit will für uns auch Zeit der Stille, Zeit für Gottes Wort sein, Zeit zum inneren Hören. Gebet ist nicht nur Reden mit Gott, zum Gebet gehört auch Schweigen und Hören. Wie Gott »unsere Gedanken von ferne versteht« (vgl. Ps 139,2), so wird er auch in der Stille unsere Gedanken auf das lenken, was ihm wichtig ist.

Wir dürfen Jesus Christus um Heilung bitten. Jesus kann hier und jetzt heilen, aber wir können nicht darüber verfügen – auch nicht durch Glauben und Gebet. Wenn Gott nicht mit Genesung und Heilung auf unser Gebet antwortet, kann sich auch bei uns quälend und bohrend die Frage nach dem »Warum« einstellen – so wie bei Hiob. Er hatte keine Antwort auf die Frage, warum er die schwere Krankheit erdulden müsse. Die Antworten seiner Freunde waren weder richtig noch hilfreich, wie Gott selbst sagte: »Ihr habt nicht recht von mir geredet« (Hiob 42,7). Gott hat Hiob durch das dunkle Tal gehen lassen und ihm erst später gezeigt, dass seinem Leidensweg eine Vorentscheidung in der himmlischen Welt im Gespräch zwischen Gott und Satan vorausgegangen war. Wir wissen, dass die geistliche Dunkelheit auf dem Leidensweg Hiobs so groß wurde, dass er Gott anklagte. Gott hat in seiner wunderbaren Güte Hiob nicht fallen gelassen. Die Bibel macht deutlich, dass Gott Krankheiten in das Leben seiner Kinder hineinlegen kann, die den Gläubigen in eine Art Zerreißprobe führen, die bis an die äußerste Grenze des Ertragbaren geht. Der Leidensweg Hiobs veranschaulicht das Wort von Jesus: »Was ich tue, das verstehst du jetzt nicht; du wirst es aber hernach erfahren« (Joh 13,7).

Wichtig ist hier zu bedenken, dass Gott Hiob sein Klagen und Anklagen und die Frage nach dem »Warum« nicht kategorisch verboten hat; diese Frage blieb offen. Aber Gott hat zu Hiob gesprochen und ihn dadurch seine Nähe erfahren lassen. Auch da hat Hiob keine Antwort auf die Frage nach dem »Warum« bekommen – aber er brauchte sie auch nicht mehr. Er wusste: Gott ist da! Und das genügte ihm.

Dankbar für ärztliche Hilfe

Wie sollen wir uns nun verhalten, wenn wir selbst plötzlich von einer Krankheit – vielleicht auch von einer langwierigen und schmerzhaften Krankheit – betroffen werden? Folgen wir den biblischen Anweisungen, so sollten wir zuerst beten. Wir dürfen Gott unsere Betroffenheit und Not sagen: Aber wir fragen auch im Gebet: »Herr, was willst du mir durch diese Krankheit sagen?«

In Tagen der Krankheit sollen wir nicht nur vermehrt beten; wir dürfen auch dankbar ärztliche Hilfe in Anspruch nehmen. Ab und zu haben Menschen den biblischen Glauben in der Weise missverstanden, als würde völliges Vertrauen zu Gott und seinem Wort sich darin erweisen, dass man in Tagen der Krankheit nur beten, aber keinen ärztlichen Rat suchen und keine Medikamente anwenden dürfe. Sie haben durch diese Haltung sich und manchmal auch Familienglieder in Gefahr gebracht oder geschädigt. Die Einsicht aus Jesus Sirach hat sich bis heute als richtig erwiesen: »Mein Sohn, wenn du krank bist, bete zum Herrn ... Danach lass den Arzt zu dir, denn der Herr hat ihn geschaffen ... Es kommen Zeiten, da dem Kranken durch ihn geholfen werden muß« (Sir 38,9.12f.).

Es gibt keine einzige Aussage in der Bibel, die diese Würde ärztlichen Helfens einschränkt. Wir sollten deshalb die Mahnung eines Arztes, die auf jahrzehntelanger Erfahrung basiert, nicht überhören: »Ich halte es für eine Herausforderung Gottes, therapeutische Möglichkeiten zu missachten und Gott um Heilung von einer Krankheit unter Verzicht auf medizinische Mittel zu bitten oder erzwingen zu wollen.«[31]

Wir müssen Krankheit nicht als unabänderliches Schicksal hinnehmen, sondern dürfen dankbar alle Möglichkeiten in Anspruch nehmen, die die medizinische und pharmazeutische Forschung und die neuzeitliche Medizintechnik erschlossen haben, um leidenden Menschen zu helfen. Wenn ein operativer Eingriff gelingt und ein Patient seine Gesundheit wieder erhält, so ist es ja letztlich Gott, der das Bemühen des Arztes gelingen lässt und Heilung schenkt.

Neue Perspektiven gewinnen

Wenn die Krankheit länger anhält und das Leiden zur Anfechtung wird, sollten wir um Geduld bitten. Es kann nicht darum gehen, so schnell wie möglich wieder gesund zu werden. Auch die ärztliche Behandlung sollte für uns nicht der Ausweg sein, die Zeit der Leiden um jeden Preis abzukürzen. Der Apostel erinnert daran: »Erachtet es für lauter Freude, wenn ihr in mancherlei Anfechtungen fallt, und wisst, dass euer Glaube, wenn er bewährt ist, Geduld wirkt ... Selig ist der Mann, der die Anfechtung erduldet; denn nachdem er bewährt ist, wird er die Krone des Lebens empfangen, die Gott verheißen hat denen, die ihn lieb haben« (Jak 1.2f.12). Das ist eine Lektion, die wir alle nur sehr schwer lernen.

In Krisenzeiten vollziehen sich Reifungsprozesse. Bisherige Anschauungen und Maßstäbe werden fraglich. Wir suchen nach neuen Werten, an denen wir uns orientieren können. Deshalb sollten wir in Tagen der Krankheit – aber auch von Zeit zu Zeit, solange wir gesund sind – unsere Lebensperspektiven überdenken:
– Welche Ziele zeigt Gott mir?
– Welche Aufgaben soll ich noch erfüllen?

– Was soll ich beiseite legen?

Wichtig ist, dass wir Krankheit und Leiden, Anfechtungen und Schmerzen als einen Anruf Gottes verstehen, uns bereit zu machen für die Ewigkeit. Wir haben viel gewonnen, wenn wir uns die Worte Philipp Spittas (1801-1859) zu eigen machen können:

> *Ja, Herr Jesu, bei dir bleib ich*
> *so in Freude wie im Leid;*
> *bei dir bleib ich, dir verschreib ich*
> *mich für Zeit und Ewigkeit.*
> *Deines Winks bin ich gewärtig,*
> *auch des Rufs aus dieser Welt;*
> *denn der ist zum Sterben fertig,*
> *der sich lebend zu dir hält.*

Wenn uns in schwerer Krankheit selbst keine Kraft zum Gebet bleibt, wenn die Krankheit zu einer Last, zu einer bedrückenden Not für uns und unsere Umgebung wird, dann sollten wir die Ältesten der Gemeinde rufen lassen. Sie sollten mit uns und für uns nach der apostolischen Anweisung des Jakobusbriefes beten. Das schließt aber unseren erklärten Willen ein, bei Besserung oder Genesung alle neu gewonnene Kraft Gott zur Verfügung zu stellen.

Bereit für die Ewigkeit

Gerade in Zeiten schwerer Krankheit sind sowohl der Wille zum Leben als auch die Bereitschaft zum

Sterben Geschenke Gottes. Wenn Gott noch einen Auftrag für uns in dieser Welt hat, dann wollen wir alles einsetzen, um an der Wiederherstellung unserer Gesundheit mitzuwirken und alle ärztlichen Bemühungen zu unterstützen.

Wenn aber Gott auf alles Beten hin die Krankheit nicht wegnimmt, wenn das Leiden größer wird und alles darauf hindeutet, dass Gott uns auf diesem Weg zur Ewigkeit führen will, so dürfen wir getrost um ein seliges Sterben bitten. Darin sind uns Männer und Frauen vergangener Generationen ein Vorbild, und ihre Worte können uns Hilfe zum Gebet sein:

Paul Gerhardt (1607-1676):

> *Mach End, o Herr, mach Ende*
> *mit aller unsrer Not;*
> *stärk unsre Füß und Hände*
> *und lass bis in den Tod*
> *uns allzeit deiner Pflege*
> *und Treu empfohlen sein,*
> *so gehen unsre Wege*
> *gewiss zum Himmel ein.*

Juliane von Schwarzburg-Rudolstadt (1637-1706):

> *Mein Gott, mein Gott,*
> *ich bitt durch Christi Blut:*
> *machs nur mit meinem Ende gut.*

Matthias Claudius (1740-1815):

Wollst endlich ohne Grämen
aus dieser Welt uns nehmen
durch einen sanften Tod;
und wenn du uns genommen,
lass uns in' Himmel kommen,
du unser Herr und unser Gott.

KAPITEL 8

Gottes unbegreifliche Wege

Wir haben bereits auf den Hintergrund hingewiesen, den die Bibel zu unserer Lebenserfahrung von Krankheit und Heilung aufzeigt. Die tiefste Wurzel aller Krankheiten und allen Leidens ist die Trennung des Menschen von Gott am Anfang seiner Geschichte. Mit der Sünde kam auch die Krankheit in die Welt. Als Folge davon sind manche Krankheiten durch schuldhaftes Verhalten der Patienten verursacht. Das ist heute an vielen Beispielen aufzuweisen: beim Alkoholismus; beim leichtfertigen Umgang junger Menschen mit Drogen; bei Unfällen im Wintersport, wenn Touristen die Warnungen ihrer Skilehrer oder Bergführer in den Wind schlagen; bei den vielen Verkehrsunfällen, die auf überhöhte Geschwindigkeit zurückzuführen sind. Sicher infizieren sich gegenwärtig noch die meisten Patienten mit der Immunschwäche AIDS durch sexuelle Beziehungen, die gegen den Willen Gottes sind.

Aber die gleiche Krankheit kann auch unverschuldet sein: So steigt die Zahl der Kinder ständig an, die bereits im Mutterleib mit dem HI-Virus infiziert wurden und deren Immunschwäche angeboren ist.

Ein weiteres Beispiel unverschuldeten Leidens sind die vielen Verkehrsteilnehmer, die sich völlig verkehrsgerecht verhalten haben, aber von einem alkoholisierten Autofahrer verletzt wurden und eine lebenslange Behinderung davontragen. Auch für die Entstehung der meisten Tumorerkrankungen gibt es keine gültige Erklärung. Dieses Nebeneinander von Krankheiten als Folge der Sünde, also selbstverschuldeten Krankheiten, und der klaren Einsicht, dass eben nicht jede Krankheit ihren Ursprung in persönlicher Schuld hat, begegnet uns auch in der Bibel. Deutlich wird Krankheit als Folge der Sünde in Psalm 107,17-21 angesprochen: »Die Toren, die geplagt waren um ihrer Übertretung und um ihrer Sünde willen, dass ihnen ekelte vor aller Speise und sie todkrank wurden, die dann zum Herrn riefen in ihrer Not, und er half ihnen aus ihren Ängsten, er sandte sein Wort und machte sie gesund ... Die sollen dem Herrn danken für seine Güte«. In die gleiche Richtung weist die Mahnung von Jesus an den Geheilten vom Teich Betesda: »Siehe, du bist gesund geworden; sündige hinfort nicht mehr, dass dir nicht etwas Schlimmeres widerfahre« (Joh 5,14). Umgekehrt verbietet uns das Wort von Jesus bei der Heilung des Blindgeborenen (Joh 9,1-3), jede Krankheit als Folge einer Sünde anzusehen. Wir dürfen keine voreiligen Schlussfolgerungen ziehen, auch keine Vorwürfe erheben.

Krankheit im Leben eines Christen

Auch für einen Christen, der plötzlich von einer schweren Krankheit überfallen oder von einem Unfall betroffen wird, wird es oft schwer sein, darin Gottes Handeln zu erkennen. Es kann sein, dass Gott durch solch eine schwere Lebensführung unseren Glauben läutern, d. h. klären und festigen will. So heißt es im 1. Petrusbrief: Durch Leiden soll »euer Glaube als echt und viel kostbarer befunden werden als das vergängliche Gold, das durchs Feuer geläutert wird« (vgl. 1. Petr 1,7). Menschlicher Eifer und natürliche Selbstsicherheit zerbrechen im Leiden; nur aus dem durch den Heiligen Geist gewirkten Glauben erwächst die nötige geistliche Kraft, die Krankheit aus Gottes Hand anzunehmen. Im religiösen Denken der Naturvölker sind es immer Geister und Dämonen, die Gesundheit und Leben bedrohen. »Ein Heide könnte das nie so sehen: dass nämlich auch Krankheit ihren gottgegebenen Sinn haben kann, dass auch hinter körperlichem Leiden ein Gott der Liebe steht.«[32] In diesem Zusammenhang ist der Satz 1. Petrus 4,1 wichtig: »Wer im Fleisch gelitten hat, der hat aufgehört mit der Sünde.« Leiden führen nicht zur Sündlosigkeit, aber sie wirken im Leben des Glaubenden eine Distanz gegenüber der Sünde, sie können der Selbstprüfung dienen und die Gedanken und Motive unseres Handelns ins Licht Gottes rücken. So können Leiden auch eine bewahrende Funktion ausüben, wie Paulus in 2. Korinther 12,7-10 schreibt: »Damit ich mich wegen der hohen Offenbarungen nicht überhebe, ist mir gegeben ein Pfahl ins Fleisch, nämlich des Satans Engel, der mich mit Fäusten schlagen soll, damit ich mich nicht überhebe.« Der Apostel Paulus hat in der Nachfolge des Jesus Christus außerordentliche Glaubenserfahrungen gemacht, und er wusste um die Gefahr, sich als bewährter Christ aufgrund besonderer Segnungen über andere zu erheben. Ihm diente das Leiden zur Läuterung und Bewahrung.

Es wird sicher nur selten gelingen, bei einer langwierigen und schmerzhaften schweren Erkrankung gleich den Sinn der Krankheit für unser Leben zu entdecken. Das gilt für den Betroffenen ebenso wie für den, der den Patienten über längere Zeit begleitet. Aber es kann sein, dass wir »wenn alles vorüber ist, später einmal im Nachhinein die Zeit unserer Krankheit in einem neuen Licht sehen. Es kann sein, dass wir erkennen, dass die Krise eine bestimmte Bedeutung für unser Leben gehabt hat, einen tiefen Sinn. In der Rückschau war es – trotz allem, keine verlorene, sondern eine heilsame Zeit.«[33] Die am eigenen Leib durchlebte und erlittene Krankheit – etwa ein Krankenhausaufenthalt mit einer großen Operation – gibt uns neue Einsichten; sie vermittelt die Erfahrungen von Ausgeliefertsein und Geborgenheit, Schmerz und Schmerzlinderung, vom Versuch, die Selbständigkeit wiederzugewinnen – und sie wirkt Verständnis und Barmherzigkeit für Leidende.

Bewältigte Leiderfahrungen machen uns nicht nur sensibel für das Leid anderer, sie eröffnen uns meist auch im Gespräch einen unverkrampften Zugang zu dem Kranken. Wir werden glaubhaft für den anderen. So konnte der Apostel Paulus den Korinthern schreiben: »Gott ... tröstet (uns) in aller unserer Trübsal, damit wir auch trösten können, die in allerlei Trübsal sind, mit dem Trost, mit dem wir selber getröstet werden von Gott« (2. Kor 1,4). Friedrich von Bodelschwingh hat, nachdem im Januar 1869 alle vier Kinder an Diphtherie gestorben waren, später bekannt: »Als unsere vier Kinder gestorben waren, merkte ich erst, wie hart Gott gegen Menschen sein kann, und darüber bin ich barmherzig geworden gegen andere«.[34]

Krankheit als Ruf zu Gott

Krankheit hat immer Aufforderungscharakter, ist ein Anruf Gottes an unser Leben. Das gilt grundsätzlich immer und für alle Menschen, Glaubende und Nichtchristen. Es mag sein, dass ein Mensch lange Zeit Gott ausgewichen ist, gleichgültig an ihm vorbei gelebt hat. Weil er in seinem äußeren Wohlbefinden nicht erkannt hat, »dass Gottes Güte ihn zur Umkehr leiten möchte« (vgl. Röm 2,4), wirft Gott ihn durch eine Krankheit aus der gewohnten Bahn, um ihn dadurch daran zu hindern, seinen verkehrten Weg weiterzugehen. Gerade diese Bedeutung der Krankheit hebt Elihu in seinen Reden im Buch Hiob hervor. »Auch warnt er (Gott) ihn (den Menschen) durch Schmerzen auf seinem Bett und durch heftigen Kampf in seinen Gliedern ... so nähert sich sein Leben den Toten ... Siehe, das alles tut Gott zwei- oder dreimal mit einem jeden, dass er sein Leben zurückhole von den Toten und erleuchte ihn mit dem Licht der Lebendigen« (Hiob 33,19.22.29f.). Und er sagt es noch deutlicher: »Gott öffnet dem Menschen das Ohr durch Leiden«! Aber nun eben nicht, um den Menschen das richterliche Urteil Gottes hören zu lassen, sondern die Einladung zu vernehmen, die die Menschen zurück in das verlorene Vaterhaus ruft. Darum fügt Elihu die Verheißung hinzu: »So reißt er auch dich aus dem Rachen der Angst in einen weiten Raum, wo keine Bedrängnis mehr ist« (Hiob 36,15-16).

Gottes geheimnisvolle Wege

Bei all dem, was wir bisher zu Krankheit und Heilung gesagt haben, muss uns deutlich vor Augen stehen, dass wir auf viele Fragen keine Antwort haben. Wenn ein Kind mit einer Behinderung zur Welt kommt, wenn kleine Kinder an einem Tumorleiden erkranken, wenn eine junge Mutter mit drei kleinen Kindern an Krebs operiert wird und stirbt, dann haben wir dafür keine Erklärung. Wenn ein Christ, der sich in Beruf und Familie, in Glauben und Leben bewährt und vielen Menschen beispielhaft geholfen hat, im Alter an einer schweren Depression erkrankt und von solch einer inneren Dunkelheit überfallen wird, dass er mehrere Suizidversuche unternimmt, dann hat es keinen Sinn zu fragen: Warum gerade er? Wir sollten vielmehr fragen: Warum nicht gerade ich? Aber auf beide Fragen werden wir keine Antwort erhalten. Wir stehen hier nicht vor einem Rätsel, sondern vor dem Geheimnis der Wege Gottes. Ein Rätsel können wir gegebenenfalls mit der Kraft unserer Vernunft lösen, ein Geheimnis muss uns erschlossen werden. Und das wird Gott nur in seltenen Fällen tun. Er spart sich das auf, bis wir ihm in der Ewigkeit begegnen. Wir müssen es lernen, mit unbeantworteten Fragen zu leben.

Sind wir selbst betroffen, so wird alles darauf ankommen, dass wir durch den Umgang mit Gottes Wort und das Gebet unser Leben immer fester an Gott binden. Sind andere betroffen, mit denen wir leiden, so dürfen wir unsere eigene Ratlosigkeit zugeben. Wir können aber Menschen, die an einer schweren Krankheit leiden – etwa Langzeitkranke, begleiten, ihnen zur Seite stehen, damit sie ihren Weg nicht einsam gehen müssen. Regelmäßige Besuche und kleine Handreichungen, der Zuspruch aus dem Wort Gottes und die Fürbitte sind eine wesentliche Hilfe für leidende Menschen. Als Gesunde müssen wir uns immer wieder unsere eigene Anfälligkeit bewusst machen: Jeder von uns kann morgen schon in ähnlicher Weise erkranken. Wir sollten Gott für jeden gesunden Tag, den er uns schenkt, von Herzen danken. Und wir sollten von Zeit zu Zeit das Gebet des französischen Philosophen und Mathematikers Blaise Pascal (1623-1662), das er in schwerer Krankheit gebetet hat, selbst betend überdenken:

»Herr, ich bitte weder um Gesundheit noch Krankheit, nicht um Leben und nicht um Tod. Aber ich bitte, verfüge über meine Gesundheit und Krankheit, über mein Leben und meinen Tod zu deiner Ehre, meinem Heil und zum Nutzen der Gemeinde und deiner Heiligen, deren einer ich durch deine Gnade sein möchte. Du allein weißt, was mir dient, du bist der allmächtige Herr; tue mit mir nach deinem Willen. Gib mir oder nimm von mir, nur mache meinen Willen dem deinen gleich.«[35]

KAPITEL 9

Erfahrungsberichte

Katharina Siebald, Kassel

Im Frühjahr 1953 wurde bei mir durch einen Hals-Nasen-Ohren-Arzt in Kassel ein Tumor am Stimmband festgestellt. Nach einer Probeentnahme lautete die Diagnose der Pathologischen Abteilung im Stadtkrankenhaus Kassel: Karzinom. Zur weiteren Behandlung wurde ich in die Universitätsklinik Göttingen überwiesen. Dort wurde bei unterschiedlicher Meinung der Ärzte trotz mancher Bedenken von einer anfänglich vorgesehenen Bestrahlung abgesehen und der Tumor lediglich operativ entfernt. Auch hier war der Befund: Karzinom. In den nachfolgenden Jahren waren die durchgeführten Kontrolluntersuchungen jedoch immer zufrieden stellend – es war keine Neubildung, ja, noch nicht einmal eine Narbe zu sehen. Bis zu seinem Tod vor einigen Jahren bestätigte mir mein Hals-Nasen-Ohren-Arzt immer wieder, meine Heilung sei »einer seiner schönsten Fälle«. Für mich war und ist diese Heilung ein Wunder Gottes.

Bis zum Beginn dieser schweren Krankheitskrise mit all ihren Aufregungen und nervlichen Belastungen lebte ich nach gut bürgerlichen Maßstäben und war dem Namen nach Christ. Meine Eltern hatten mich als Kind christlich erzogen, und ich meinte, mit meiner Familie ein ordentliches Leben zu führen. Wir beteten zu Tisch, gingen gelegentlich zur Kirche und bemühten uns, anderen Menschen gegenüber anständig zu handeln. Als aber diese schwere Krankheit im Alter von 33 Jahren über mich hereinbrach, verlor ich fast den Boden unter den Füßen. Ängste überfielen mich und Fragen, wie es weitergehen sollte, und tief in meinem Inneren fühlte ich, dass mir für ein wirklich christliches Leben etwas Entscheidendes fehlte. Erst viel später wurde mir bewusst, dass es Jesus Christus als mein Erlöser war. In meiner Not begann ich, intensiv zu Gott zu beten, dass er an mir ein Wunder tun und mich gesund machen möchte und dass er mir eine Chance geben sollte, näher mit ihm in Verbindung zu kommen. Ich wusste plötzlich genau, dass ich so nicht vor ihm bestehen konnte.

Mit meinem Mann, der mir in dieser kritischen Zeit treu zur Seite stand und alle Nöte mit mir trug, begann ich, christliche Veranstaltungen aufzusuchen, u. a. eine Zeltevangelisation mit Pastor Metzger, die uns Denkanstöße gaben. Wir trafen in dieser Zeit auch alte Freunde wieder, die uns zu einem Hausbibelkreis einluden. Dort fanden wir nach Jahren des Suchens in einer Bibelwoche zum lebendigen Glauben an Jesus Christus und nahmen ihn als unseren Erlöser in unser Leben auf. Gott hat mein Gebet um ein Wunder erhört. Über die körperliche Heilung hinaus hat er uns ein neues Leben geschenkt und uns in den vielen Jahren seither treu geführt. Heute sind wir Gott dankbar, dass er uns am Anfang schwere Wege führte und uns dadurch in seiner Liebe herausholte aus unserer Gottesferne.

Doch Gott half nicht nur mir persönlich zur Gesundheit und zu einem Leben mit ihm – er hat mir und meiner Familie auch Aufgaben gezeigt, in denen wir ihm dienen können. In der Gemeinde entdeckten wir viel Arbeit – mein Mann vor allem in der Bibelstunde, im Kirchenvorstand, im Seniorenclub und als Gemeindeältester. Auch über die Gemeinde hinaus haben wir an verschiedenen Stellen gemerkt, dass Gott uns gebrauchen wollte, z. B. bei der Verbreitung von Gottes Wort als Mitarbeiter des Internationalen Gideonbundes. Ich selbst habe im Lauf der Zeit eine ganz stille Platzanweisung von Gott bekommen: in der Begleitung von leidenden Menschen. Es scheint mir, als habe ich die Erfahrung der Todesangst damals machen müssen, um nun anderen Menschen mit schwerer Krankheit und denselben Ängsten beistehen zu können. Viele Schwerkranke schickte mir Gott seither über den Weg, die ich im Krankenhaus oder in der Wohnung besucht habe – manchmal mehrere Jahre lang. Großen körperlichen Schmerzen, seelischen Erschöpfungen, Depressionen und Selbstmordgedanken bin ich an diesen Betten begegnet, und oft blieb mir nicht viel mehr als still zuzuhören, mitzuweinen und im

Innersten mitzuleiden. Aber aus meiner eigenen Erfahrung des Leides heraus hat mir Gott auch immer wieder den Mut gegeben, den Kranken von ihm zu erzählen, ihnen Lieder vom Glauben vorzuspielen und mit ihnen zu ihm zu beten. Wenn ich zurückblicke, sehe ich, dass Gott mich nicht nur von einer Krankheit, sondern auch für die Arbeit in seinem Reich geheilt hat.

Dr. med. Peter Rieger, Hamburg

Seit 1979 arbeite ich als Praktischer Arzt in eigener Praxis. Im Sommer 1987 bemerkten meine Frau und ich eine Schwellung an meiner linken Halsseite. Wegen der schnellen Entstehung dachte ich zunächst an einen Bluterguss – wie die von mir hinzugezogenen Kollegen auch. Es kam der Sommerurlaub (in einem christlichen Erholungsheim), und da mir das tägliche Tasten nach dem Knoten »lästig« wurde, beschloss ich, erst am 30. Juli, dem Geburtstag meines Sohnes, wieder die Größe zu überprüfen. Meine Frau und ich waren sehr erleichtert und froh, als an diesem Tag nichts mehr von dem Knoten zu fühlen war. Dies und einige weitere Umstände führten dazu, dass ich an diesem Tag mein Leben Jesus übergab. Etwa acht Wochen später war der Knoten wieder da, an derselben Stelle und in derselben Größe. In der Annahme, er würde verschwinden wie beim ersten Mal, wartete ich ab. Es tat sich jedoch nichts, so dass ich schließlich eine Operation vornehmen ließ, die jedoch sehr umfangreich wurde, weil an anderen Stellen im Brustkorb ebenfalls Veränderungen aufgetaucht waren.

In vielerlei Hinsicht lernte ich nun Gottes Wirken kennen:
- Der Chefarzt der Universitätsklinik operierte mich (er war mir schon vom Studium her bekannt);
- der Narkosearzt war ein Studienkollege, dadurch waren Angst und Anonymität geringer;
- für eine nachfolgende zweite Operation in einem anderen Krankenhaus bekam ich sehr schnell einen Termin;
- Blutkonserven wurden nicht benötigt, da mir vorher genügend Eigenblut abgenommen worden war;
- nach beiden schwierigen Operationen ging es mir sehr schnell wieder gut.

Und immer wieder war zu spüren, dass viele Menschen für uns beteten und auch zur Gebetsgemeinschaft genau zur richtigen Zeit von Gott geschickt wurden. Das wurde ganz deutlich, als ich die Diagnose erfuhr: *Krebs.* Mein erster Gedanke war: Das kann gar nicht sein, das bin nicht ich. Ich musste erst meinen Namen auf dem Befundzettel lesen, um es zu glauben. Eine halbe Stunde später war ein Christ bei mir, der nichts von dieser Diagnose ahnte und mich zu diesem Zeitpunkt besuchte, weil er ohnehin im Krankenhaus war, um jemand anderen zu besuchen. Durch diesen Christen schenkte Gott mir Trost und Zuversicht in dieser Situation.

Es folgte eine Serie von 26 Bestrahlungen, die ich erstaunlich gut überstand, wohl auch deshalb, weil Gott durch Geräteausfall einige »Bestrahlungspausen« schenkte.

Insgesamt war ich ein halbes Jahr krankgeschrieben. Bei so langer Abwesenheit ist eine gute Vertretung in der Praxis wichtig. Auch hierbei hatte Gott »Maßarbeit« für mich vorbereitet: Als ich innerhalb kurzer Zeit einen Vertreter brauchte, fand ich schnell einen Arzt, der für genau die Zeit eine Arbeit suchte, für die ich die Vertretung benötigte.

Jahr für Jahr sind jetzt Nachuntersuchungen während eines Krankenhausaufenthaltes erforderlich, die immer aufs neue die Frage aufwerfen: Wird etwas gefunden? Wie komme ich wieder raus? Es gab einige »Fehlalarme«, bei denen mir aber klar wurde, dass ich in Gottes Hand geborgen bin und mich nichts treffen kann, ohne dass Gott es will.

Ich danke Gott, dass bis jetzt keine Absiedlungen gefunden wurden, und dass ich wieder ganztags arbeiten kann.

Unabhängig voneinander bekamen wir Bibelstellen zugesagt. Wenn es auf und ab ging zwischen Hoffnung und banger Erwartung, half mir Römer 12,12: »Seid fröhlich in Hoffnung, geduldig in Trübsal, beharrlich im Gebet.« Und über allem stand die großartige Zusage aus Hesekiel 36,11: »Ich will euch mehr Gutes tun als je zuvor, und ihr sollt erkennen, dass ich der Herr bin.«

12 Jahre danach: Gott hat diese Zusage reichlich erfüllt (nicht nur bezüglich meiner Gesundheit!) – meine Familie und ich sind ihm von Herzen dankbar für alles. Jedoch schwankt die Intensität meiner Dankbarkeit, abhängig davon, wie stark ich an die Krankheitszeit erinnert werde; in den ersten Jahren war sie beständiger, weil die Erinnerung in Krankenhaus-Nachsorge-Zeiten ständig aufgefrischt wurde. Jetzt sind dank bisher guter Ergebnisse nur noch jährliche ambulante Kontrollen erforderlich. Es ergeben sich Gelegenheiten zur »Dankbarkeits-Steigerung«, wenn ich Patienten, die an Krebs erkranken, von meiner Krankheit berichten kann. Dies ist auch eine gute Gelegenheit, über den Glauben zu sprechen, wobei mir 1. Petrus 5,7 wichtig wurde.
Über allem steht deutlich spürbar die Hilfe, die aus dem anhaltenden Gebet vieler Glaubensgeschwister herrührt.

Lydia Grün, Ebsdorfergrund

Im Juni 1999 bekam ich zum dritten Mal Depressionen und Angstzustände, ohne irgendeinen Grund dafür erkennen zu können. Ich ging zu einem Nervenarzt, der mir zwei Antidepressiva verschrieb, die aber nach einigen Wochen, wie auch in den beiden Jahren zuvor, nicht die Wirkung erbrachten, die sie eigentlich hätten bringen sollen. Es trat nur Müdigkeit ein, aber die Ängste waren in etwas gedämpfter Form weiterhin vorhanden. Ich quälte mich durch den Alltag, weil ich meine Familie auf jeden Fall versorgen wollte. In dieser Zeit lasen wir in unserem Hausbibelkreis ein Buch über die Kraft des Heiligen Geistes und das Wirken Gottes. Wir wurden ganz neu aufmerksam auf die Bibelstelle in Jakobus 5,14-16, die wir alle schon jahrelang kannten: »Wenn jemand von euch krank ist, soll er die Ältesten der Gemeinde zu sich rufen, damit sie für ihn beten, ihn im Namen des Herrn segnen und ihn mit Öl salben. Wenn sie im festen Vertrauen beten, wird Gott den Kranken heilen. Er wird ihn aufrichten und ihm vergeben, wenn er gesündigt hat. Darum sollt ihr einander eure Sünden bekennen und füreinander beten, damit ihr geheilt werdet. Denn das Gebet eines Menschen, der unbeirrt glaubt, hat große Kraft.« Plötzlich war uns ganz klar, dass wir dieses Angebot Gottes in Anspruch nehmen sollten. Es war inzwischen Ende August, und wir hatten nun schon drei Monate für meine Krankheit gebetet.

Ich bat den Pastor unserer Gemeinde, mit anderen Ältesten zusammen in unseren nächsten Hausbibelkreis zu kommen und über mir zu beten. Er war sofort bereit dies zu tun, wollte aber zuerst noch einmal allein zu uns kommen, um mit uns über die Sündenvergebung (Vers 16) zu sprechen. Jeder von uns sollte vor Gott und den anderen Hauskreismitgliedern ganz offen und ehrlich werden und seine Sünden bekennen. Dies brachte uns aber auch ein ganzes Stück näher zusammen. Es sollte nichts im

Weg stehen, wenn die Ältesten für mich beteten und mich mit Öl salbten.

Am 7. September 1999 war es dann soweit: Unser Pastor, die Ältesten unserer Gemeinde und einige Hauskreismitglieder kamen zu uns nach Hause und beteten für mich. Sie baten Gott, auch meine erblichen Belastungen zu durchtrennen, in denen ich den einzigen Grund meiner Depressionen sehen konnte. Ich dachte immer: Was man geerbt hat, damit muss man halt leben! Aber ich kann heute sagen, dass Gott auch darüber die Macht hat! Es passierte an diesem Abend gar nichts Außergewöhnliches an mir. Ich fühlte mich ganz normal. Aber in den nächsten Tagen verschwand meine Angst allmählich. Ich konnte meine Medikamente absetzen und bin völlig geheilt. Gott hat ein Wunder an mir getan, und dafür möchte ich ihm die Ehre geben!

Christa Hoffmann, Marburg-Elnhausen

Im Frühjahr 1991 wurde ich – nach Auftreten verschiedener Ausfallerscheinungen – von meinem Arzt in eine neurologische Klinik überwiesen. Nach Ablauf einer Woche und der Durchführung einer Vielzahl von Untersuchungen wurde ich schließlich mit der Diagnose einer Multiplen Sklerose konfrontiert. Diese Nachricht traf mich in der folgenden persönlichen Situation:

Ich war 35 Jahre alt, glücklich verheiratet, Mutter von drei Kindern im Alter von zwei, vier und fünf Jahren und soeben in unser neues Haus eingezogen, das uns genügend Platz bot. Hierauf hatten wir jahrelang und zielstrebig hingearbeitet. Das Leben in der Familie und die äußeren Umstände bedeuteten für uns großes Glück und die Erfüllung unserer gemeinsamen Zielsetzung. Und dann diese Diagnose, die auf einmal alle Pläne und Ziele in Frage stellte! Eine Krankheit, die einen unberechenbaren, schubförmigen Verlauf nimmt und früher oder später im Rollstuhl endet.

Ich konnte die Diagnose interessanterweise sehr gelassen hinnehmen. Oft schon hatte ich beobachtet, wie andere Christen viel Leid und Krankheit tragen mussten. Menschen, die für mich sichtbar und vorbildlich ihren Glauben lebten, waren plötzlich in viel Not geraten. Daher hatte ich schon öfter darüber nachgedacht, welches Geheimnis Gottes wohl dahintersteckt, wenn seine Kinder Not und Krankheit erleiden müssen. In meinem tiefsten Inneren war ich der Auffassung, dass dies nun meine, mir von Gott gegebene, Aufgabe war. Ich nahm daher die Nachricht meiner Erkrankung innerlich sehr gelassen und in Frieden auf. Bei meinen Angehörigen und Freunden stieß diese Haltung auf großes Unverständnis, weil die neue Situation als großes Unglück oder gar als Katastrophe empfunden wurde.

Meine geistliche Ruhe änderte sich schlagartig, als ein guter Freund und Pastor mich auf die Ausführung in Jakobus 5, Verse 14ff. aufmerksam machte und mich fragte, ob ich schon einmal über die Möglichkeit, die uns die Bibel anbietet, nachgedacht hätte. Meine vermeintliche innere Ruhe war dahin. Mir schien es riskant, mich auf das beschriebene Krankengebet der Gemeindeältesten einzulassen. Dieses Gebet hätte ja zur Folge haben können, dass ich wieder gesund würde. Die Aussicht darauf fand ich beängstigend, denn ich sah hierdurch meine innere Ruhe gefährdet. Ich kam mir vor wie vor dem Abgrund stehend. Meine Vorstellungen hinderten mich daran zu glauben, dass ich vor Gott auch weiterhin bestehen könnte, ohne ein solches Opfer zu bringen.

Viele Wochen und Monate blieb das so. Die Bibelstelle (Markus 10,51), in der Jesus den blinden Bartimäus fragt: »Was willst du, dass ich für dich tun soll?«, bekam besondere Bedeutung für mich. Ich wusste schließlich, dass ich neu klären musste, welche Wünsche und Ziele ich für mein Leben hatte und ob diese gleichzeitig mit Gottes Willen in Einklang zu bringen und erlaubt waren. Erst Jahre später wurde mir deutlich, dass ich an dieser Stelle wohl dachte, ich müsse irgendetwas wie z. B. diese Krankheit auf mich nehmen, um in Ordnung zu sein vor Gott. Dieser Klärungsprozess hat viele Monate angedauert. Am Ende aber wusste ich, dass ich sehr wohl gesund werden wollte und gleichzeitig jedoch bereit war, Gottes Handeln – in welcher Form auch immer – an mir zuzulassen.

Vor diesem Hintergrund bat ich die Ältesten meiner Gemeinde darum, über mir zu beten. Ich war gespannt darauf, was geschehen würde. Das Krankengebet selbst empfand ich als einen normalen, unspektakulären Vorgang. In der folgenden Zeit geschah eigentlich auch nichts Besonderes. Ich fühlte mich gut aufgehoben bei Gott, dem ich ja quasi die Zuständigkeit für meine Krankheit übertragen hatte. Und ich lebte in dem Bewusstsein, dass Gott mir nahe ist und mich sehr liebt und auf seine Art an mir handeln wird. Dass das Krankengebet jedoch keine körperliche Heilung bewirkt hatte, wusste ich, als der nächste MS-Schub kam. Seither gab es noch etliche Krankheitsschübe und entsprechend viele Zeiten, in denen es mir nicht möglich war, meine gewohnten Tätigkeiten im Haushalt durchzuführen. Es war mir jetzt auch nicht mehr möglich, mich als Mutter von kleinen Kindern, die ihren Haushalt und die damit zusammenhängenden Pflichten erfüllt, zu definieren. Ich war auf Hilfe von außen angewiesen, und mir blieb gar nichts anderes übrig, als diese Hilfe auch anzunehmen. Für mich stellte sich daher mehr und mehr die Frage nach meiner Identität. Wer war ich, ohne irgendeine Leistung zu erbringen und ohne einer Aufgabe gerecht zu werden? Diese Frage hat mich lange Zeit bewegt, bis mir endlich klar wurde, dass es doch noch einen Wert gibt, durch den ich mich definieren kann. Auch wenn mir nun vieles nicht mehr möglich war, so blieb doch das eine, nämlich Gottes geliebtes Kind zu sein. Dieses tief erlebte Bewusstsein ist Bestandteil meines Lebens geblieben und hilft mir auch in Zeiten, in denen es mir körperlich gut geht, die Dinge, die von außen auf uns zukommen, zu relativieren.

Die neue Erkenntnis half mir, mich zu akzeptieren im akuten Krankheitsschub wie auch in den gesunden Phasen. Ich war nicht mehr so stark wie vorher darin gefangen, mich entweder als relativ gesund und aktiv oder aber als schwer krank zu erleben. Die Krankheit gehörte zu mir, sie machte mich auch ein Stück aus. Und es gab auch Möglichkeiten, mit diesem Erfahrungshintergrund für andere nützlich zu sein. So habe ich beispielsweise festgestellt, dass mir Grenzsituationen nicht so viel Angst machen wie anderen Menschen.

Ich sehe Gottes Wirken durch die Krankheit darin, dass er mir durch vielfältige Weise gezeigt hat, wer ich bin. Er hat mir praktisch einen Spiegel vorgehalten, damit ich mich anschauen kann. Ganz besonders liebevoll, Schritt für Schritt, so dass es meinem Tempo entsprach, ging eine Veränderung mit mir vor, die ich selbst nicht hätte herbeiführen können. Die Wahrheit, die ich bei mir sehen musste, war nicht schön, aber sie hat mich frei gemacht, mich selbst zu lieben. Und gleichzeitig wuchs die Liebe zu anderen Menschen und auch zu Gott. Dafür bin ich sehr dankbar.

Die Bibelstelle aus Johannes 10,10, in der Jesus sagt: »Ich bin gekommen, damit sie das Leben und volle Genüge haben sollen«, hat mich lange schon bewegt. Und zwar in dem Sinn, dass es großartig wäre, wenn das erlebbar und spürbar würde. Wenn ich auf die letzten neun Jahre meines Lebens zurückschaue, muss ich sagen, dass ich heute eine Ahnung davon habe, was mit dieser Bibelstelle gemeint sein kann.

Prof. Dr. med. Johannes Grüber,
Welzheim

Es war um Mitternacht. »Everything is so clumsy« (»Alles fühlt sich so plump und ungeschickt an«). Mit diesen englischen Worten schlug ich die Augen auf. Meine Frau Ursula, meine Schwiegertochter Verena und mein Sohn Wolf standen um mein Bett. Ein Schlaganfall. Dreieinhalb Stunden war ich bewusstlos gewesen. Trotz intensiver Bemühungen dreier Ärzte fürchteten sie schon das Schlimmste: eine ausgedehnte Hirnschädigung! Gerade hatten sie meine Frau gefragt, ob sie denn überhaupt wünsche, meinen Körper noch am Leben zu erhalten, wenn mein Hirn unwiederbringlich betroffen sei?

In den folgenden Tagen kam mir mein Zustand erst richtig zum Bewusstsein: Ich war nicht nur rechts völlig gelähmt, sondern meine Augen funktionierten auch nicht mehr: Ich sah ständig ein Doppelbild und konnte Buchstaben nur erkennen, wenn sie etwa pflaumengroß waren. Andererseits blieben Denken und Sprechen fast normal. Stellenweise war mein Körper rechts gefühllos und ist es bis heute geblieben.

108

Da lag ich nun. Einmal täglich wurde ich von Kopf bis Fuß gewaschen und konnte langsam meine linke Seite wieder gebrauchen. Aber rechts war ich immer noch gelähmt. Nach einem Monat kam ich in das ausgezeichnete Albertinenkrankenhaus in Hamburg. Durch intensive Behandlung lernte ich langsam wieder zu funktionieren, mich mit einem Gehwagen zu bewegen und allein auf der Toilette zurechtzukommen.

Bei all dem, was da plötzlich über mich hereingebrochen war, erinnere ich mich nicht an einen einzigen Augenblick des Zweifelns, der Ungeduld, des Selbstmitleids oder gar der Verzweiflung. So abgeschmackt es klingen mag: Ich erlebte, wie Gott mich trug. Natürlich war der plötzliche Wechsel von einem recht aktiven Ruhestandsleben mit manchen Vorträgen, Predigten und Reisen zu einem »hilfsbedürftigen, halb gelähmten Menschen« nicht immer leicht.

Aber Gott hatte mir eine treue Frau geschenkt. Sie fuhr liebend gern Auto, brachte mich zu den Ärzten und zur Physiotherapeutin. Sie überwachte meine Diät, kümmerte sich um das Finanzielle und schien einfach unermüdlich. Bis – ja bis sie nach dreieinhalb Jahren innerhalb einer halben Stunde plötzlich starb. Die treue Mutter unserer vier Kinder, die Gefährtin von 14 fordernden Jahren in Indien und in Amerika, die sich so sehr mit mir auf unsere ganz kurz bevorstehende Goldene Hochzeit gefreut hatte, lag nun kalt und tot vor mir.

»Kostproben der Macht Gottes«. Die Kostproben erscheinen uns nicht immer süß und wohlschmeckend ... Aber ich erlebte die Wahrheit von Gottes Zusage: »Und ob ich schon wanderte im finsteren Tal, fürchte ich kein Unglück; denn du bist bei mir, dein Stecken und Stab trösten mich«. Es heißt hier nicht, »es kommt kein Unglück«, sondern: »ich fürchte kein Unglück«. Mehr noch, könnte es nicht vielleicht sein, wenn wir nur hinter die Kulissen schauen könnten, dass das »Unglück« in Wahrheit ein Glück ist?

Gestern rief mich eine Bekannte an und erzählte, sie habe gerade in einem Buch gelesen, dass jede Krankheit geheilt würde, wenn wir nur glaubend beten! ... So? Ist das so einfach?

Im Hebräerbrief werden die wunderbaren Erfahrungen der Glaubenden ausführlich rekapituliert, aber es wird dann auch sehr realistisch auf die vielen hingewiesen, die im Elend umhergeirrt sind in Klüften, in Wüsten und auf den Bergen, die gesteinigt, gefoltert, zersägt und durchs Schwert getötet wurden.

Als geheimnisvolle Erklärung wird uns gesagt: »Sie haben nicht erlangt, was verheißen war, weil Gott etwas Besseres für uns zuvor ausgesucht hat.«

Ob hier nicht der Schlüssel liegt? Gott handelt zielbewusst durch wunderbare Heilung, aber auch durch Not und Krankheit. Gott lässt keines seiner Kinder fallen.

Klaus Rösler, Aßlar

Der Schmerz kommt ohne Vorankündigung. Ich bin
mit dem Auto unterwegs. In der Ferne zeichnet sich
die Silhouette des Kölner Domes ab. Plötzlich ein
Stich: »Den Dom wird sie nie sehen.« Das tut weh.
Der Schmerz hat einen Grund: Seit über einem Jahr
liegt unsere Tochter Marie (6) im Wachkoma.

Auslöser war eine spontane Hirnblutung am 19. September 1998. Das Blut hat ihr Atemzentrum zerstört.
Sie muss künstlich beatmet werden. Nach vier Operationen in der Universitätsklinik in Gießen liegt sie
seit einem Jahr in der Kinderklinik Park Schönfeld
in Kassel auf der Früh-Reha-Abteilung. Ihr Zustand
hat sich verbessert – eine Folge der Krankengymnastik, Logo-, Ergo- und Musiktherapie.

Manchmal atmet sie etwas mit. Sie kann ihre Arme
und Beine bewegen und den Kopf etwas drehen.
Doch es gab Rückschläge. Oft hat sie Harnwegsinfekte und hohes Fieber. Weil der Lidschlag fehlt,
drohte eine Austrocknung der Hornhaut. Sie wäre
erblindet. Um das zu verhindern, wurden die Augen
an den äußeren Rändern zugenäht.

Was uns Hoffnung macht: Sie reagiert auf Menschen. Wenn ich sie streichele, ihr ein Lied vorsinge,
mit ihr spiele, bäumt sie sich auf oder atmet mit.
Und manchmal schaut sie uns mit sehr wachen
Augen an, die zu fragen scheinen: »Was ist eigentlich
los mit mir?« Dann kullern Tränen – bei ihr und uns.
Niemand weiß, ob sie diese Gedanken wirklich

denkt. Die Untersuchungen haben ergeben, dass ihr Großhirn, in dem das Bewusstsein seinen Sitz hat, intakt geblieben ist.

Maries Prognosen sind jedoch schlecht. Denn die Statistik besagt, dass Koma-Patienten, die nach einem Jahr nicht aufgewacht sind, überhaupt nicht mehr aufwachen.

Ein Vorurteil haben wir abgelegt. Unser Leid ist nicht unvergleichlich. Auch andere Eltern haben Kinder, die im Koma liegen. Die Kinder sind ertrunken, an einem Sonnenblumenkern erstickt oder nach einer Operation nicht wieder aus der Narkose aufgewacht. Doch das Wissen, dass auch andere Eltern leiden, ist kein Trost. Aber wir haben Verständnis füreinander.

Sind wir als Christen mit diesem Leid besser dran? Ich wünschte das. Am Krankenbett sind wir jedenfalls nicht die Glaubenshelden, deren Zuversicht auf andere überspringt. Wir sind bedrückt, erschöpft, zermürbt. Mir fehlen oft die Worte zum Beten. Ich habe aber beten lassen – weltweit. Das Internet macht es möglich. Die Liste der Empfänger meiner um Gebete bittenden elektronischen Briefe ist zunächst immer länger geworden. Wir haben auch über Marie gebetet, zusammen mit Pastoren und den Ältesten unserer Wetzlarer Baptisten-Gemeinde und Arbeitskollegen. Ich bin so gestärkt worden. Denn wir haben getan, was in unserer Macht steht. Jetzt ist Gott an der Reihe.

Die Rundbriefe über den Zustand Maries erscheinen inzwischen seltener. Die letzten beginnen stereotyp mit: »Es gibt nichts Neues von Marie.« In unserer Gemeinde steht Marie nach wie vor auf der Tagesordnung. Ihr Name wird in den Bekanntmachungen genannt, verbunden mit der Bitte, im Gebet nicht nachzulassen.

Marie ist immer noch krank. Als Christ würde ich gerne die großen Taten Gottes bezeugen, die er an Marie und uns als Familie vollbracht hat. Wir erwarten letztlich ein Heilungswunder. Doch wir mussten lernen, mit unbeantworteten Fragen zu leben.

Beim »Jahrestag« von Maries Erkrankung war ich auf der Glaubenskonferenz meiner Freikirche – des Bundes Evangelisch-Freikirchlicher Gemeinden (Baptisten- und Brüdergemeinden) – in Braunschweig. Ich gehörte zum Leitungskreis. Eigentlich wollte ich mich aus der Verantwortung zurückziehen. Denn ich hatte Zweifel und Fragen an Gott. Warum? Was soll das? Die einzige Antwort, die ich bekam, war ein Bibelvers, der mir oft im Kopf herumspukt: »Lass dir an meiner Gnade genügen, denn sie ist in den Schwachen mächtig.« Ich weiß jetzt: Leid gehört zum Leben dazu. Als Christen sind wir nicht davor gefeit. Es gibt Dinge, die passieren einfach.

Am Morgen des »Jahrestages« saßen wir als Verantwortliche zusammen, um miteinander für die Konferenz zu beten. Plötzlich kam eine ältere Mitarbeiterin auf mich zu und sprach ein Segensgebet für mich und meine Familie. Meine Augen wurden feucht. Ich merkte in dieser Situation, was es heißt, von einer Gemeinschaft getragen zu sein. Das war keine Einbildung. An dem Tag konnte ich die Anbetungslieder wieder mitsingen.

In unserer Gemeinde erleben wir, wie das Bibelwort konkret wird: »Wenn ein Glied leidet, so leiden alle Glieder mit« (1. Kor 12,26). Es vergeht kein Gottesdienst, nach dem wir nicht angesprochen werden. Da haben Kinder für Marie gemalt oder gebastelt, Eltern haben Hörkassetten oder Spielzeug gekauft, die sie uns mitgeben, da werden wir umarmt. Eine Freundin verzichtet seit der Erkrankung von Marie auf jeden Konsum von Alkohol.

Ich bin zweimal in der Woche bei Marie, und als Ehepaar fahren wir jeden Sonntag hin. Oft will unsere Tochter Lara nicht mit. Ihr ist es in der Klinik zu langweilig. Aber es ist kein Problem, sie nach dem Gottesdienst am Sonntag – dem traditionellen Tag der Familie – bei Freunden aus der Gemeinde unterzubringen. Das ist praktische Solidarität seit über einem Jahr.

Die Früh-Rehabilitation in Kassel läuft demnächst aus. Was dann wird, ist unklar. Fest steht: Wir werden Marie nicht nach Hause nehmen. Wir müssen mit unseren Kräften haushalten. Dazu gehört, Lara ein weithin normales Aufwachsen zu ermöglichen. Wir stehen aber in Kontakt mit einem Pflegeheim in

Kirchhain bei Marburg. Dessen Ziel ist es, kranken Kindern ein Höchstmaß an Lebensqualität zu ermöglichen, durch Therapie und Zuwendung. Ob Marie dort einen Platz bekommt, hängt nicht allein vom Träger ab, sondern auch vom Geld: Krankenkasse, Pflegekasse, Versorgungsamt und Sozialamt müssen zustimmen. Ich bin zuversichtlich, dass es klappt. Vielleicht eine Frucht der vielen Gebete?!

So wie der Schmerz plötzlich kommt, verschwindet er auch wieder. Es gibt manche Tage, an denen das Leben fast so verläuft wie früher. Wo wir lachen und Freude erleben; wo wir in Maries leeres Zimmer gehen können – und die Erinnerung an sie nicht mehr so weh tut; und wir sicher sind, dass Marie in den Armen Gottes geborgen ist.[36]

Literatur

George Benett, Das Wunder von Crowhurst, Metzingen 1982

Wolfgang Bittner, Heilung – Zeichen der Herrschaft Gottes, Neukirchen 1984

Joachim Bodamer, Der Mensch ohne Ich, Freiburg 1981

Hansjörg Bräumer, Auf dem letzten Weg, Neuhausen-Stuttgart 1988

Joachim Braun, Krankheit, Gebet, Heilung, Metzingen 1956

Jack Deere, Überrascht von der Kraft des Heiligen Geistes, Wiesbaden 1995

Heinz Doebert, Das Charisma der Krankenheilung, Hamburg 1960

Ronald Dunn, Wird Gott mich heilen?, Lahr 1999

Hans-Siegfried Frick, Gespräche im Krankenzimmer, Wuppertal 1968

Hans Gödan, Christus und Hippokrates, Stuttgart 1958

John Goldingay (Hrsg.), Zeichen, Wunder und Heilung, Marburg 1990

Paul Gerhard Johanssen, Glaubensheilungen in den jungen Kirchen, Bad Salzuflen 1964

Arthur Jores, Der Mensch und seine Krankheit, Stuttgart 1970

Lorenz Keip, Glaubensheilungen, Berlin 1958

Heinrich von Knorre (Hrsg.), Seelische Krankheit – Heilung – Heil, Marburg 1980

Gerhard Kuhlmann, ... und legten die Hände auf sie, Marburg 1972

Fritz Laubach, Herr, heile mich!, Wuppertal 1991

Werner Lauer, Das therapeutische Team im Krankenhaus, Freiburg i. B. [2]1977

Kurt A. Lennert, Vom Heilwerden, Wuppertal 1989

Hans Mallau, Wenn du glauben könntest, Wuppertal 1975

Bernhard Martin, Die Heilung der Kranken als Dienst der Kirche, Basel 1954

Ruth Philipp, Ich sage dir: Steh auf!, Moers 1991

Hans-Christoph Piper, Krankheit – Erleben und Lernen, München 1980

Gerhard Propach (Hrsg.), Predigt und heilt, Gießen/Basel 1985

Paul Senf, Handauflegung und Heilung, Marburg 1977

Anmerkungen

[1] Dennis und Rita Bennett, The Holy Spirit and You, London 1971, S. 114, 121f.

[2] Tonbandaufzeichnung der Euro-Fire-Konferenz in Frankfurt/M., 5.–9. August 1987

[3] Das hebräische Wort massah »Machtprobe« (Wundertat = »Kostprobe« der Macht Gottes) steht nur 5. Mose 4,34; 7,19; u. 29,2 im Zusammenhang mit den Zeichen und Wundern Gottes in Ägypten.

[4] Gerd Propach (Hrsg.), Predigt und heilt, Gießen/Basel 1985, S. 75

[5] Alo Münch, Johann Christoph Blumhardt, Gießen/Basel 1939, S 51. Ebenso Friedrich Zündel, Johann Christoph Blumhardt, Gießen/Basel [11]1928, S. 181ff.

[6] Lorenz Keip, Glaubensheilungen, Berlin [5]1958, S. 86, 90, 125

[7] Harald Hertel, Heilungen durch Glauben – heute?, in: Glauben und Heilen, Idea-Dokumentation 17/99, Wetzlar 1999, S. 7f.

[8] Hans Grüber – Fritz Laubach – Theo Wendel, Die 3. Welle des Heiligen Geistes, Idea-Spektrum 47/88, Wetzlar 1988, S. 14f.

[9] Wilhelm Gesenius – Frants Buhl, Handwörterbuch zum Alten Testament, Berlin [17]1962, S. 769; Gerhard Lisowsky, Konkordanz zum hebräischen Alten Testament, Stuttgart [2]1981, S. 1352; Salomon Mandelkern, Veteris Testamenti Concordantiae, Tel Aviv 1986, S. 1104f.

[10] 1. Mose 50,2 zweimal; 2. Mose 15,26; 2. Chron. 16,12; Jer. 8,22. Die Übersetzung Jes. 3,7 ist sinngemäß richtig: »Er wird sie zu der Zeit beschwören und sagen: Ich bin kein Arzt; es ist kein Brot und kein Mantel in meinem Hause.« Hier wird aber nicht das geläufige hebr. Wort für »Arzt« (*rophe*) gebraucht, sondern ein Wort, das vom Verbum *chabasch* = verbinden, bekleiden abgeleitet ist und von der LXX mit »Herrscher« (griech. *achägós*) übersetzt wird. Bildlich könnte man frei übersetzen:»Ich bin kein Wundarzt des Staates«; Gesenius-Buhl, S. 213, 769 (s. Anm. 9).

[11] Hansjörg Bräumer, Auf dem letzten Weg, Neuhausen-Stuttgart 1988, S. 20f. Bräumer folgt in seiner Auslegung Wolfgang Bittner, Heilung – Zeichen der Herrschaft Gottes, Neukirchen [2]1988, S. 20f.

[12] Die Apokryphen des Alten Testamentes stammen aus dem späteren Judentum vorchristlicher Zeit, waren vom Gebrauch im jüdischen Gottesdienst ausgeschlossen, geben aber wertvolle Aufschlüsse über jüdisches Denken und jüdische Frömmigkeit. Das Buch Sirach wurde etwa 190 v. Chr. abgefasst und etwa 132 v. Chr. von Jesus, dem Enkel des Sirach, aus dem Hebräischen ins Griechische übersetzt. Vgl. Fritz Rienecker – Gerhard Maier, Lexikon zur Bibel, Wuppertal 1994, Sp. 104ff.; John Bright, Geschichte Israels, Düsseldorf 1966, S. 461, 468f.

[13] H. Bräumer, a.a.O. S. 24: »Diese grundsätzliche positive Einstellung zur Person des Arztes und zur Heilkunst findet ihre Fortsetzung im Neuen Testament. Es ist kein einziges Wort bekannt, in dem sich Jesus gegen die Ärzte seiner Zeit wandte. Jesus hatte vielmehr ein ungebrochenes Verhältnis zu den damaligen Heilmethoden. So ging er bei manchen Heilungen ähnlich vor wie die Mediziner jener Zeit.«
Vgl. das Wort von Jesus Mark. 2,17 par.

[14] Heilungsberichte im Matthäus-Evangelium: 4,23f.; 8,2f.; 8,5-13; 8,14f.; 8,16; 9,2-7; 9,20-22; 9,27-30; 9,32f.; 12,9-13; 12,15; 12,22; 14,14; 14,35f.; 15,21-28; 15,31f.; 17,14-18; 19,2; 20,29-34; 21,14.

[15] F. Graber/D. Müller, Art. »Gesund«, in Theol. Begr. Lexikon zum Neuen Testament, Wuppertal 1967, Bd. 1, S. 549.
Es gibt eine einzige Begebenheit im Neuen Testament, wo der Versuch der Jünger, einen mondsüchtigen Knaben zu heilen, an ihrem »Kleinglauben« scheitert (Matth. 17,17-21). In dieser Situation bezieht Jesus alle seine Hörer in den Vorwurf ein. Der »Kleinglauben« ist zwischen Gott und den Nöten hin- und hergerissen, der »große Glaube« setzt alles auf Gottes Erbarmen und seine Gnade. Es bedarf zur Vollmacht zu heilen also eines gereiften, an Erfahrungen reichen Glaubens.

[16] Gerhard Maier, Matthäus-Evangelium 1. Teil, Bibelkommentar Bd. 1, Neuhausen-Stuttgart 1979, S. 287ff.

[17] Adolf Pohl, Das Evangelium des Markus, Wuppertaler Studienbibel, Wuppertal 1986, S. 298

[18] Hansjörg Bräumer, a.a.O., S. 41

[19] Heilungsberichte in der Apostelgeschichte: 3,1-8; 5,15-16; 8,7; 9,32-34; 14,8-9; 19,12; 28,8-9. Vielleicht könnte man noch das Gebet der Gemeinde um Heilungen, Apg. 4,30, hinzurechnen und die Totenauferweckung durch Petrus, Apg. 9,36-41, und durch Paulus, Apg. 20,9-12.

[20] Der Hinweis auf die tödliche Wunde an einem der Köpfe des Tieres, die geheilt wurde (Offb. 13,3.12), ist prophetische Bildrede und gehört nicht in den Zusammenhang unseres Themas.

[21] Hans-Jürgen Peters, Der Brief des Jakobus, Wuppertaler Studienbibel Ergänzungsfolge, Wuppertal 1997, S. 191

[22] Hans-Jürgen Peters, a.a.O., S. 193

[23] Hansjörg Bräumer, a.a.O., S. 19

[24] Adolf Köberle, Die Frage der Glaubensheilungen in der Gegenwart, in: Der Reichsgottesarbeiter, Lahr 1990, S. 91

[25] Hansjörg Bräumer, a.a.O., S. 37

[26] Paul Tournier, Echtes und falsches Schuldgefühl, Bern, 2. Aufl. o.J. S. 29 f.

[27] Emanuel Hurwitz, Vom Umgang mit dem Leiden, Neue Zürcher Zeitung, Nr. 73, 27./28. 3. 1976, S. 35

[28] Ulrich Eibach, Der verdrängte Tod, Theologische Beiträge, 6. Jahrg. Nr. 4, Wuppertal 1975, S. 139ff.

[29] Zitiert in der Zeitschrift »Der Gärtner« 65. Jahrg. Nr. 36, Witten 7. 9. 1958, S. 709

[30] Paul Tournier, a.a.O., S. 29

[31] Kurt A. Lennert, Vom Heilwerden, Wuppertal 1989, S. 106

[32] Helge Stadelmann, Heilung, Heil und magisches Denken, in G. Propach (Hrsg.), Predigt und heilt, Gießen/Basel, 1985, S. 60.

[33] Hans-Christoph Piper, Kranksein – Erleben und Lernen, München 1980, S. 30

[34] Zitiert bei Beate und Winrich Scheffbuch, Mit Freuden ernten, Holzgerlingen 1999, S. 112.

[35] Pascal, ausgewählt und eingeleitet von Reinhold Schneider, Frankfurt 1954, S. 270

[36] Dieser Bericht ist auch in Idea-Spektrum Nr. 46/1999 erschienen.

hänssler

Wolfgang Koch
Ich habe Freude
Krankheit und Sterben von Joe Smalley
Tb., 160 S., zahlr. s/w-Abb.
Nr. 393.607, ISBN 3-7751-3607-X

»Papi, du liest falsch!« Bei dieser Feststellung seines Sohnes wird Joe Smalley stutzig. Welche Ursachen haben die Sehstörungen, die ihn immer wieder plagen? Die Diagnose ist niederschmetternd: Gehirntumor. Heilungsaussichten: gleich null.
Kann das Gottes Wille sein? Joe, der begeisterte Sportler, der in vielen Staaten eine christliche Sportler-Arbeit aufgebaut hat – kann das wirklich sein, dass sein Leben so früh zu Ende geht?
Die Krankheit stellt sich nicht nur Joes Glauben, sondern auch den seiner Familie und Freunde auf eine harte Probe. Doch in den Monaten bis zu seinem Tod lernt Joe Gott als himmlischen Vater kennen, der sich um seine Familie kümmert.
Wolfgang Koch, ein enger Freund der Familie Smalley, lässt den Leser anhand seiner Tagebuchaufzeichnungen diese Krankheitszeit miterleben. Ein bewegendes Buch, das zu Recht den Titel »Ich habe Freude« trägt, denn es wird deutlich, wie der tiefe Glaube an Gott durch Krankheit, Leid und Tod hindurch trägt. Es macht Mut, auch in Krisenzeiten an Gott festzuhalten.

*Bitte fragen Sie in Ihrer Buchhandlung nach diesem Buch!
Oder schreiben Sie an den Hänssler Verlag,
D-71087 Holzgerlingen.*

hänssler

Ottilie Martin
Dreimal geboren
Krank, aber dennoch putzmunter!
Danke, Gott – Danke, Spender!
Tb., 176 S., s/w-Abb.
Nr. 393.506, ISBN 3-7751-3506-5

Ottilie Martin verliert ihren einzigen Sohn bei einem Verkehrsunfall und erkrankt schließlich an der unheilbaren biliäre Leberzirrhose, die eine Transplantation erforderlich macht. Doch trotz dieser Schicksalsschläge spürt sie in den schweren Zeiten der Trauer und den zermürbenden Krankenhausaufenthalten Gottes Geborgenheit und seine Führung: »Nachdem ich nun 11 Jahre mit meiner neuen Leber und 5 Jahre mit einer neuen Niere als gesunder Mensch leben darf, bin ich noch täglich darüber erstaunt, wie wunderbar mein Leben verlaufen ist. Immer wieder steht mir eindringlich vor Augen, dass mein irdisches Leben normalerweise schon lange beendet wäre, wenn Gott nicht auf wunderbare Weise eingegriffen und mich den beschriebenen Weg geführt hätte. [. . .] Mit diesem [. . .] Buch möchte ich allen Erkrankten, denen eine Organtransplantation möglich ist, Mut machen, diesen Schritt zu wagen. SIE WERDEN EIN NEUER MENSCH!«

Bitte fragen Sie in Ihrer Buchhandlung nach diesem Buch!
Oder schreiben Sie an den Hänssler Verlag,
D-71087 Holzgerlingen.